¡CUIDADME ASÍ!

Decálogo para morir bien

Jacinto Bátiz Cantera

¡CUIDADME ASÍ!

Decálogo para morir bien

SAN PABLO

Colección dirigida por José Carlos Bermejo

Jacinto Bátiz Cantera (Sestao-Vizcaya 1948) es doctor en Medicina y Cirugía, médico de familia, Máster en Cuidados Paliativos y Experto en Ética y Deontología Médica. Actualmente dirige el Instituto para Cuidar Mejor del Hospital San Juan de Dios de Santurce (Vizcaya). Presidente de la Sección de Cuidados Paliativos de la Academia de Ciencias Médicas de Bilbao. Responsable del Grupo de Trabajo de Bioética de la Sociedad Española de Medicina General y Familia (SEMG). Miembro del Observatorio Atención Médica al Final de la Vida de la Organización Médica Colegial de España (OMC). Profesor invitado en la Universidad del País Vasco, Universidad de Deusto, Universidad Pontificia de Comillas y Universidad Autónoma de Madrid en cursos posgrado de Cuidados Paliativos. Ha recibido varias distinciones: Premio Nacional *Reflexiones Opinión Sanitaria*, Premio *Gazte Role Model Saria*, Embajador Nacional de la Medicina Española (2018) y Premio Europeo Kate Granger al Cuidado Compasivo (2018). Es articulista de opinión sobre atención médica al final de la vida y autor de numerosas obras, en San Pablo ha publicado *Bioética y cuidados paliativos* (2021).

© SAN PABLO 2024 (Protasio Gómez, 11-15. 28027 Madrid)
Tel. 917 425 113
secretaria.edit@sanpablo.es - www.sanpablo.es
© Jacinto Bátiz Cantera, 2024

Distribución: SAN PABLO. División Comercial
Resina, 1. 28021 Madrid
Tel. 917 987 375
E-mail: ventas@sanpablo.es
ISBN: 978-84-285-7110-4
Depósito legal: M. 9.133-2024
Impreso en LiberDigital
Printed in Spain. Impreso en España

Prólogo

En un famoso párrafo de su *Teoría de los Sentimientos Morales*, Adam Smith señalaba que, si en un país lejano se produjera un terrible seísmo con el resultado de miles de muertos, un ciudadano remoto al hecho, tras manifestar solidaridad y expresar con delicada filosofía melancólicas reflexiones acerca de la precariedad de la condición humana, proseguiría con sus negocios o placeres y se iría a descansar o a divertirse con la misma tranquilidad como si nada hubiera ocurrido.

Y prosigue con ironía: «Si (esta misma persona) fuera a perder su dedo meñique, no podría dormir esa noche; pero roncará con la más profunda serenidad ante la ruina de cien millones de hermanos, si estos son extraños para él»[1].

No suena bonito, pero la reflexión describe adecuadamente nuestra condición humana. Y es que hay una gran diferencia en cómo pensamos, sentimos y reaccio-

---

[1] A. SMITH, *The Theory of Moral Sentiments*, parte III, capítulo III: *Of the Influence and Authority of Conscience*.

namos cuando estamos afectados directamente por una desgracia, o cuando son cosas que les suceden a otros.

Este libro está escrito por alguien directamente afectado. Se ha escrito desde el *afecto* hacia una realidad humana que ordinariamente genera negación y rechazo: la propia muerte. Ante todo, la afectación resulta de la larga trayectoria profesional del Dr. Jacinto Bátiz, médico especialista en cuidados paliativos, que ha vivido de cerca muchas muertes y ha intentado acompañar a tantas personas a *bien morir*. Pero, además, y esto es ciertamente llamativo, el libro nace con un grado de implicación personal poco común: no ha sido escrito para aconsejar a otros, sino como preparación para el propio final.

Tenemos aquí el infrecuente caso de un médico que enfrenta su propia muerte, es decir, que la mira de frente, superando la rutina profesional y con ello la relativización de su profunda significación humana. No estamos ante una reflexión técnica o distante, sino comprometida hasta el punto de proyectar, a partir de lo vivido en relación con otros, un deseo personal: cómo le gustaría ser cuidado en ese trance final. Y todo ello concretado en diez reglas formuladas como solicitudes para cuando le llegue el momento de la gran debilidad.

El tratamiento de la muerte es, aunque no caigamos en la cuenta de ello, enormemente peculiar en nuestra cultura. Nunca ha habido pueblo o contexto social que lo viva como nosotros. Se ha hablado mucho de que constituye uno de los tabúes con más fuerza en las sociedades *desarrolladas*. La muerte aterra a muchos, se reconoce inevitable, pero se percibe como experiencia potencialmente horrible, que solo genera silencio y parálisis. Pocas veces se alude a la muerte y parece de mal gusto tratar sobre este asunto. Si la cuestión surge de algún modo, no faltará quien, más pronto que tarde, anime a cambiar el tema por otro *más alegre*. Lo normal es no tratarlo, y si sale, la mayoría se decanta por desempolvar alguna versión del clásico *carpe diem*. Mario Vargas Llosa nos animaba en una entrevista a «vivir como si fuéramos inmortales; de manera que la muerte te sorprenda cuando estás trabajando o haciendo planes... Entonces es que de verdad has aprovechado la vida hasta el final». Al parecer, los que no compartimos esta visión, no sabemos vivir bien. Lo cito a modo de ejemplo, ilustrando otras muchas referencias que podrían recogerse.

En este tema, en tan solo algunas generaciones, el cambio en las percepciones sociales ha sido muy marcado. Todavía en los años 60 del siglo pasado, la persona enferma fallecía en casa, rodeada de sus seres queridos. Ni los niños ni las personas mayores tenían miedo a tocarla físicamente, a darle la mano para rezar... En definitiva, se acompañaba el final de la vida de modo natural. Así ha sido durante miles de años y así lo sigue siendo en gran parte del mundo. Pero no aquí. En Europa hacemos lo imposible por ocultar esta dimensión de la vida. Los servicios funerarios *se encargan de todo*, evitando que las personas cercanas sufran la incomodidad de tener que lidiar con *el cadáver*. Este, según escuchamos con frecuencia, nada tiene que ver con la persona llena de vida a la que deseamos recordar. Curioso tiempo en el que, por un lado, se reafirma la naturaleza material y placentera de la vida y la sexualidad humana y, por otro, el cuerpo viejo o enfermo se ha convertido en algo molesto con el que no sabemos qué hacer. La negación de la muerte llega a tal punto que algunos *profetas* comienzan a proclamar el más o menos cercano advenimiento de una *criatura*, o lo que sea, que, liberada definitivamente de la esclavitud de su corporeidad, podrá lograr por fin convertirse en *inmortal*.

Mientras llega ese gran día, y dado que todavía nada va a impedir que antes o después los vivos tengamos que afrontar nuestra propia muerte, hacemos lo que podemos: la exorcizamos para que se convierta en invisible, teniendo un especial cuidado en evitar que niños y jóvenes puedan ser expuestos a *una cosa tan terrible*.

Otra peculiaridad del autor, también cada vez menos habitual en nuestro entorno, es su convicción creyente. El libro no argumenta desde la fe, pero dice algo que conviene escuchar en esta sociedad secular: la experiencia del trato con las personas enfermas graves confirma una y otra vez, incluso en las poco religiosas u opuestas a las religiones establecidas, que la atención a la dimensión espiritual y trascendente es muy importante en esta fase de la vida. En la diócesis de Bilbao, el trabajo del equipo de pastoral de la salud en nuestros hospitales lo pone de manifiesto una y otra vez. Cuando nos acercamos a la persona enferma con el respeto y la sensibilidad necesarias, escuchando su historia, dejando que sea ella misma quien nos comunique su situación y sus necesidades, el resultado es siempre positivo, y lo es en todas las dimensiones, también en la física. La idea es sencilla: más que decir nosotros cosas, dejemos que la persona sea la que nos hable, la que nos cuente, la que nos explique lo que en ese momento es importante para ella.

El libro también hace consideraciones relevantes sobre quienes se han formado como profesionales de la salud. Señala una gran paradoja: al tiempo que los conocimientos y las técnicas para tratar el cuerpo han tenido un enorme desarrollo, la formación para tratar a la *persona* del enfermo apenas se ha cuidado. La medicina sigue centrada en las dimensiones materiales, fisiológicas, químicas y orgánicas del enfermo, en la dimensión física de la enfermedad. Los profesionales, cada vez más especializados, están perfectamente preparados para tratar este o el otro aspecto del mal físico, este u otro órgano específico, pero tienen serias carencias para acompañar a la persona.

En esto, la medicina no hace sino reflejar la tendencia general del conocimiento científico, que camina hacia una fragmentación y tecnificación cada vez mayor y, por esa razón, corre el peligro de deshumanizarse cada vez más.

Como dice el mismo autor, a veces parece interesarnos más la enfermedad que quien la padece. La atención de los especialistas no puede centrarse solo en la curación. Cuando la curación física resulta imposible e improbable, todavía hay mucho que hacer, y este libro nos ayuda a concretar ese programa.

«La muerte es dulce; pero su antesala, cruel», decía Camilo José Cela. Hay lugares en el mundo en los que, porque se sufre mucho en vida y porque no se duda de una vida futura más bella, la gente no tiene miedo a morir. Pero, aunque no tengan ese miedo, pueden tener otro: tienen miedo a morir mal. ¿La alternativa? Morir bien. Sin dolor innecesario, acompañado de las personas queridas o, si faltan, de un ser humano sensible. Es perfectamente legítimo desearlo. Es algo que se nos debe si, como decimos, existe la dignidad humana.

Alivio del dolor, compañía, escucha, apoyo emocional y adaptación a las necesidades espirituales específicas del enfermo. Esta atención espiritual es la hermana pobre del servicio hospitalario, aunque los profesionales de la salud, incluso los escépticos, pueden comprobar que la demanda real existe y es considerable. Reconozcamos que se trata de una dimensión esencial de la persona. Negarlo es no respetar la dignidad del enfermo en base a prejuicios. Lo mismo que a lo largo de la vida necesitamos compañeros de viaje, también en el momento de la muerte.

Agradezco al Dr. Bátiz esta obra necesaria, escrita desde el afecto y la experiencia de haber compadecido, o sea *padecido con* todas las personas a las que ha acompañado a bien morir. Gracias por ayudarnos a preparar la *buena muerte,* que puede llegar sin aviso y plácidamente, o convertirse en ocasión de encuentro humano, difícil pero bello, atravesando el último desierto.

MONS. JOSEBA SEGURA ETXEZARRAGA
Obispo de Bilbao

Introducción

En una ocasión, un periodista, cuando me estaba entrevistando, me pidió una receta en forma de decálogo para morir bien y así poder orientar a mis colegas médicos. Le dije que yo no me sentía capaz de dar ninguna receta ni me atrevería a hacer un decálogo para otros, pero que basándome en mi experiencia de acompañar en el proceso de morir a muchos enfermos, de quienes había aprendido mucho, sí le indicaría mis diez deseos para que los tuvieran en cuenta quienes me atendieran cuando llegara mi momento.

Después de haber compartido con los alumnos de posgrado mis experiencias sobre estos temas y haberles explicado este decálogo, comprendí que podría ser de mucha ayuda, tanto para los profesionales que se dedican a cuidar al final de la vida, como para los propios enfermos, para que no tengan ningún pudor en solicitar cómo desean que les cuiden en los últimos momentos de su vida. Los enfermos me han demostrado que, cuando se cumplen estos diez deseos, se muere bien.

Tal vez no tengamos miedo a la muerte porque, a veces, incluso se espera o se desea para que acabe con los sufrimientos, pero sí tenemos miedo a morir mal. Hemos de tener en cuenta que morir es inevitable, pero morir mal no lo debiera ser. Los cuidados paliativos tienen el objetivo de aportar calidad a la vida que le quede a la persona enferma y ayudarla a morir bien cuando llegue su momento. Los cuidados paliativos no pretenden alargar la vida innecesariamente, sino ensancharla. Este debiera ser nuestro empeño: evitar que los enfermos mueran mal y procurar que vivan sin sufrimiento hasta que les llegue su muerte.

Tal vez, antes de seguir leyendo las siguientes páginas de este libro, debiéramos aproximar alguna respuesta a la pregunta: ¿Qué es una buena muerte? Leyendo el libro *El límite*[1] encontré una respuesta que me convencía: una buena muerte será cuando quien se muere lo hace de la manera que lo deseaba. Esto me ayudó a elegir el título *¡Cuidadme así!*

Espero que la lectura de este libro pueda ayudar al lector a planificar sus cuidados cuando llegue su momento. Dejar por escrito cómo deseamos que nos cuiden al final de nuestra vida, por si no podemos expresarlo personalmente, a quienes nos cuiden en ese momento es una actitud que debiera estar normalizada entre nosotros. Para ello, disponemos del llamado *Documento de voluntades anticipadas, Documento de instrucciones previas* o del coloquialmente llamado *Testamento vital*. Tengamos presente que, en un momento

---

[1] J. M. GAONA, *El límite*, La Esfera de los libros, Madrid 2015³, 265.

u otro, todos nos vamos a encontrar en el umbral de salida de esta vida.

¡Cuidadme así! lo he escrito en primera persona porque en él expreso cómo quiero que me cuiden a mí. Si este libro puede dar ideas a otros para manifestar sus deseos, me sentiré satisfecho, así como si les puede servir como guion para mantener un diálogo sincero con su médico o para cumplimentar el *Documento de voluntades anticipadas* o el *Documento de instrucciones previas* de forma más detallada. He pretendido argumentar cada uno de los diez deseos que considero para mí como el *decálogo para morir bien*.

Con este libro no pretendo dogmatizar sobre los cuidados paliativos. Lo que pretendo es compartir cómo deseo que sean estos cuidados cuando yo los necesite, basándome en lo que aprendí durante los muchos años que acompañé a los enfermos en fase terminal. Ellos me enseñaron lo que usted, amable lector, va a leer en las próximas páginas de este libro.

1
Tratadme como a una persona

Cuidadme como a un ser humano hasta el momento de mi muerte. No me contempléis solo como una estructura biológica, sino que además tened en cuenta mi dimensión emocional, social y espiritual. Deseo que aliviéis mi dolor y cualquier otro síntoma que me provoque sufrimiento. Deseo que me apoyéis emocionalmente ante mis temores, mis dudas y mis miedos. Deseo estar acompañado, no deseo morirme en soledad. Deseo que pueda satisfacer mis necesidades espirituales y que me ayudéis a dar sentido a mi vida.

Satisfacer estos deseos sería tratarme como a una persona, como a un ser humano. No obstante, considero que hay mucho que recorrer para poder cubrir estos deseos. Tal vez, cuando se planifica desde la macrogestión sanitaria la atención a estos enfermos, se diseña desde una sola visión de sus necesidades, las que son estrictamente físicas, aquellas que se pueden medir, las que se visualizan en los monitores, pero no se tiene en cuenta –lo que también es importante para el enfermo– a su familia, sus emociones, sus miedos, sus afectos, sus asuntos laborales y los de su familia –sobre la que él tiene cierta responsabilidad–, que ahora no los puede resolver; su sentido de la vida y el futuro de su familia una vez que él muera. Todas ellas son necesidades que también tenemos que atender y resolver. Por eso se necesita un abordaje integral del enfermo, sin olvidar a quien le cuida y le quiere, su familia, que también sufre y a quien también hemos de acompañar. Por eso, también deseo que cuidéis de mi familia en su sufrimiento.

Cuando una persona está enferma, no es solo un órgano el afectado por los agentes patógenos, por los mecanismos degenerativos o los traumas, sino que toda ella queda implicada, desde su cuerpo hasta su capacidad de pensar y de razonar, influida por el dolor o las limitaciones impuestas por la enfermedad.

En la Facultad de Medicina nos enseñaron desde el primer año de carrera a conocer nuestro cuerpo en la sala de Anatomía; a medida que iba avanzando la carrera, conocíamos cómo funcionaba cada uno de sus órganos, cómo y de qué podían enfermar y cómo podía ser tratada cada una de sus enfermedades. Pero al finalizar la carrera, con nuestra licencia para ejercer la Medicina, sin duda éramos unos expertos en conocer toda la estructura de nuestro cuerpo, pero careciendo tal vez de los conocimientos necesarios para ayudar a quien padecía la enfermedad, a la persona que era la propietaria del órgano enfermo. Yo creo que fuimos muy bien entrenados para tratar enfermedades, pero con muchas carencias para tratar a las personas enfermas.

Las personas no pueden ser comprendidas por los métodos reduccionistas de la ciencia, que pueden tener éxito en otras circunstancias, porque al descomponerlas en sus partes desaparecen como personas. El médico anatomopatólogo[1] tan solo interviene a través de su diagnóstico del tejido que le ha sido enviado tras una biopsia o una intervención quirúrgica; su función es primordial a pesar de que no interactúe con el enfermo. Deseo compartir una vivencia personal que puede ilustrar lo que acabo de afirmar. Recuerdo que en el Máster de Oncología Básica y Clínica de la Universidad del País Vasco donde imparto la clase *Cuidados Paliativos del paciente oncológico*, en una de sus ediciones estaba matriculada una bióloga investigadora que solicitó hacer unas prácticas en nuestra Unidad de cuidados paliativos. Ante la curiosidad de por qué su interés en conocer nuestra actividad, cuando finalizó las prácticas le pregunté si le habían servido de algo. Ella me respondió de manera rotunda: «A partir de ahora, cuando estudie a través del microscopio las células de los tejidos, tendré en cuenta que esas células pertenecen a una persona».

El enfermo tiene un nombre, una historia, unas costumbres y un entorno que van más allá de unos síntomas, un diagnóstico y un número de habitación. Con bastante frecuencia solemos escuchar expresio-

---

[1] Médico anatomopatólogo es el especialista en Anatomía Patológica, que es la ciencia médica encargada de estudiar y analizar la estructura celular para intentar explicar los porqués de las distintas enfermedades desde lo morfológico hasta lo molecular.

nes como: «¿Qué tal está la cirrosis de la 214?». Esto demuestra una falta de respeto y una deshumanización de nuestra atención hacia la persona enferma cuando la hemos cosificado, reduciéndola a su hígado enfermo y al lugar donde se encuentra.

Llamarla por su nombre es lo mínimo que debemos hacer para manifestarle nuestro respeto. Si lo único que nos interesa es la enfermedad, olvidándonos de quién la padece, nos faltará algo para hacerlo del todo bien. Claro que debemos conocer su enfermedad hasta el último detalle para poderla combatir, pero cuando esa enfermedad llega a ser incurable, el enfermo necesita que nos preocupemos también de él, que es quien la padece. Esto no solo hay que tenerlo presente cuando estamos ante una enfermedad incurable, sino en cualquier momento que prestemos nuestra atención profesional a los enfermos.

Cuando se cuida al ser humano desde una perspectiva integral, se necesita procurar no solo el alivio biológico, sino también el alivio biográfico que conlleva un sufrimiento humano tanto del enfermo como de su familia. Es verdad que cuando estamos más alejados del enfermo porque nos dedicamos a investigar sobre la enfermedad, sobre su control, sobre los posibles tratamientos, no llegamos a comprender los aspectos humanos de la enfermedad, pero quienes tenemos que cuidarle como profesionales, como familiares, comprendemos otros aspectos que pueden ayudar a sobrellevar la enfermedad, porque el enfermo es una persona.

A los que nos dedicamos a los cuidados paliativos, a atender enfermos incurables, a acompañar a enfermos que se están muriendo, nos suelen felicitar por nuestra labor, pero a la vez nos compadecen por estar muy cerca de la tristeza del final de la vida de las personas. Solemos agradecer la felicitación, pero no compartimos su compasión porque aprendemos mucho cuando estamos junto a estas personas que miden el tiempo de la vida que les queda en horas o días, no más; aprendemos a valorar nuestro tiempo, del que no solemos ser conscientes, midiéndolo en años sin dar importancia a cada día.

Para ellos, lo más importante es la compañía de sus seres queridos y la disponibilidad del profesional para ayudarle a no sufrir; nosotros nos solemos aislar, no valoramos suficientemente la compañía de los demás. Cuando comprobamos que la paz que desean es resolver sus temas pendientes, dar sentido a la vida que han vivido, comenzamos a darnos cuenta de lo importantes que son los mensajes que nos transmiten las personas enfermas.

Estar en primera fila y poder contemplar esta enseñanza tan honda de los enfermos nos ayuda a distinguir lo profundo de lo superficial, nos enseña a aprovechar mejor la vida, a ser solidarios, a reflexionar un poco más de lo que habitualmente hacemos. No parece que sea habitual en la actualidad la reflexión sobre lo cotidiano. Pero si empleáramos todos los días unos minutos para reflexionar, tal vez modificaríamos algunas de nuestras actitudes.

Pero, ¿qué necesita el enfermo al final de su vida? Es importante que comprendamos que, cuando tenemos que atender a enfermos que se encuentran en la fase terminal de una enfermedad, hemos de adoptar un enfoque integral de los cuidados. Además del control de los síntomas físicos, los aspectos emocionales y los sociales, debemos tener en cuenta los aspectos espirituales. Los cuidados físicos deben evidentemente ser de excelente calidad, pero esto no es suficiente; la persona no se puede reducir a una simple entidad biológica. Los cuidados paliativos integran también los aspectos psicológicos, sociales y espirituales.

Los enfermos, cuando están llegando al final de sus vidas, presentan *cuatro tipos de necesidades* fundamentales que los profesionales debemos identificar y poseer la capacidad para satisfacerlas. Si las satisfacemos, le estaremos ayudando a vivir dignamente mientras llega su muerte.

- Tienen necesidad de que se les alivie el dolor y cualquier otro síntoma molesto; tienen derecho a que se les alivien los síntomas que les provocan sufrimiento físico.
- Tienen necesidad de que se les apoye emocionalmente; tienen derecho a recibir ayuda psicológica.
- Tienen necesidad de ser acompañados; tienen derecho a no morir solos.
- Tienen necesidad de satisfacer sus necesidades espirituales; tienen derecho a recibir el apoyo espiritual que ellos deseen.

A lo largo de mi experiencia junto a los enfermos en su etapa final de la vida he comprobado que la persona enferma, sobre todo cuando se encuentra al término de su vida, es cuando más nos necesita. Nos necesita para que aliviemos su dolor y cualquier otro síntoma que le provoque sufrimiento, para que la apoyemos emocionalmente ante sus miedos y sus angustias, para que la acompañemos y no sufra de soledad ante la muerte, y también nos necesita para que la acompañemos desde la espiritualidad. Si no lo hacemos de esta manera cuatridimensional, no lo estaremos haciendo del todo bien.

Deseo constatar que el aspecto espiritual quizá sea la parte más desconocida de la disciplina médica, pero es la ayuda espiritual la que los pacientes más demandan en sus últimos días. Por ello, cualquier cuidador, profesional o no, debe saber acompañar desde la espiritualidad. El profesor Diego Gracia[2] afirma: «Los cuidados paliativos han de controlar el dolor del paciente, pero también atender sus necesidades espirituales, entendidas más allá de la religiosidad».

Voy a abordar con detalle el acompañamiento espiritual porque es el tipo de acompañamiento que más demandan los enfermos en su fase terminal. En primer lugar, hemos de conocer cuáles son sus necesidades espirituales y para ello hemos de tener en cuenta las preguntas que forman parte de la vida espiritual de

---

[2] Diego Gracia Guillén (Madrid, 1941). Médico, escritor y filósofo. Especialista en Psicología y Psiquiatría. Se le considera un experto en Bioética a nivel nacional e internacional.

la persona: ¿Por qué a mí? ¿Para qué seguir peleando? ¿Qué sentido tiene mi vida ahora que me encuentro mal? ¿Qué pinta Dios en todo esto, por qué no hace nada para parar esta enfermedad? ¿Existe algo después de la muerte? ¿Qué va a ser de mí? ¿El sufrimiento tiene algún sentido? ¿Se puede encontrar sentido a la vida, aun sufriendo? ¿Qué puedo hacer para reconciliarme conmigo mismo, o con los demás, o con ese Dios en el que uno puede creer? ¿Qué me puede ayudar cuando me siento solo? ¿Por qué falla mi fe?

Como podemos ver, son muchas las respuestas que la persona enferma necesita en esos momentos tan difíciles y únicos para ella, cuando se encuentra cerca de la muerte. Nosotros hemos de saber contestar a esas cuestiones tan profundas y que también le provocan sufrimiento. El sufrimiento espiritual también necesita su alivio. Por eso se necesita acompañar en el sufrimiento a las personas en el final de la vida también desde la espiritualidad. Pero para ofrecer este tipo de cuidado a la persona en el final de la vida es preciso que consideremos la espiritualidad como nuestra naturaleza esencial, que forma parte de nosotros como seres humanos y que aspira a dar sentido a nuestras vidas.

La experiencia del sufrimiento es universal y suele intensificarse en las fronteras del final de la vida. Su existencia se convierte para los profesionales en un desafío técnico y en un imperativo moral, que exige no mirar para otro lado. Creo que la espiritualidad es también otro universal humano y que negar en la práctica nuestra naturaleza espiritual, para el trabajo clínico, se convierte en un claro factor de deshumanización. Hemos de considerar que la mayor parte del sufrimiento que ocurre en este final de la vida, aparte de provocarlo el dolor físico, tiene que ver con otros temas emocionales, sociales y espirituales, y con su propia incapacidad para resolver los interrogantes más profundos de la vida.

El aspecto espiritual quizá sea la parte más desconocida de la medicina, pero es el que los pacientes más demandan en sus últimos días; así lo constatamos día a día en nuestra práctica asistencial.

El ser humano tiene capacidad para afrontar la experiencia de su muerte, no sin dificultades, pudiendo abordarla desde la negación, la resignación o la rabia, pero también desde la aceptación confiada que conduce a un nuevo espacio de conciencia trascendida de la realidad.

Considero que la atención a los recursos y a las necesidades espirituales no es patrimonio de los cuidados paliativos, aunque debería ser especialmente cuidada en aquellos ámbitos en los que la experiencia de sufrimiento es muy significativa y en todos los escenarios de fragilidad, dependencia, cronicidad, pérdidas y experiencia de la muerte cercana. Hemos de apostar por una visión amplia y plural de la espiritualidad que permita hacer presentes las perspectivas filosófica, existencial, axiológica, religiosa o cualquier otra que respete la diferencia de convicciones y el derecho a las mismas.

Los profesionales de cuidados paliativos somos conscientes de que no somos dueños del proceso final de la vida de las personas, solo somos sus compañeros de viaje. ¿En qué consiste el acompañamiento espiritual que les podemos ofrecer? En ser capaces de reconocer, acoger y dar espacio al diálogo interior de quien sufre para que él mismo pueda dar voz a sus preguntas y expresar sus respuestas; en ser capaces de ayudar a despertar o a sacar a la luz el anhelo, la búsqueda interior que toda persona puede tener.

¿Cuáles son las necesidades espirituales de las personas al final de la vida? La necesidad de ser reconocido como persona; la necesidad de releer su vida; la necesidad de encontrar sentido a su vida; la necesidad de liberarse de la culpabilidad; la necesidad de perdonarse; la necesidad de reconciliación; la necesidad de sentirse perdonado; la necesidad de depositar su vida en algo más allá de sí mismo; la necesidad de una continuidad; la necesidad de auténtica esperanza, no de ilusiones falsas; la necesidad de expresar sentimientos y vivencias religiosos.

La persona enferma soporta mal que su cuerpo sea objeto de cuidados de un equipo médico, por un lado; su personalidad confiada al psicólogo, por otro, y finalmente, su ser espiritual se entregue, *in extremis*, al capellán del hospital. Es necesario cuidar a las personas en el final de sus vidas desde la espiritualidad, pero de manera transversal. Este cuidado también lo necesitan para poder morir en paz.

2

Permitidme expresar mis sentimientos

Para mí va a ser muy importante expresar mis propios sentimientos y emociones sobre mi forma de enfocar la muerte. Cuando yo acompañaba a quien se moría, llegué a comprender lo importante que era para él expresar sus sentimientos y sus emociones. Eso le daba paz. Esa paz que también deseo para mí cuando llegue mi momento.

No obstante, a lo largo de mi experiencia en el acompañamiento durante el proceso de morir de muchas personas, he aprendido que vivir con la mirada atenta a la muerte nos despierta a la vida, nos estimula a gozar, lo más extensa y exhaustivamente posible, de todo lo que se nos ofrece aquí y ahora; nos incita a no dejar para más adelante lo que podemos hacer ahora; a no ocultar lo que sentimos, a trabajar para que nuestros vínculos sean lo más exquisitos posible.

Vivir con la mirada atenta a la muerte nos exige ser más responsables, nos estimula a velar por la calidad de nuestras palabras y nuestras acciones. En definitiva, nos permite dar un valor único a cada momento vivido.

Cuando el enfermo se encuentra frente a la muerte, necesita que le facilitemos el vaciamiento emocional sobre la proximidad de su final. Suele sentir miedo a cómo será su proceso de morir, tiene miedo a sufrir, siente pena por dejar para siempre a sus seres queridos, experimenta incertidumbre ante lo que pasará después de su muerte. Necesita compartir estos sentimientos y estas emociones con quienes le están acompañando para facilitar el alivio del sufrimiento que pueden provocar.

Les confieso que no tengo miedo a morir, pero sí tengo miedo a sufrir, sobre todo tengo pena porque en algún momento he de dejar para siempre a mis seres queridos.

No es lo mismo estar frente a la propia muerte que estar frente a la muerte de los demás. Pero cuando tenemos que cuidar a las personas que se enfrentan a ella caemos en la cuenta de que el miedo a la muerte es una de las emociones más enraizadas en la persona. A pesar de que la muerte es algo cotidiano, con frecuencia, de forma más o menos deliberada y por una falsa sensación de inmortalidad, tendemos a olvidarnos de ella negándola constantemente[1].

La forma de abordar la muerte ha evolucionado a lo largo del tiempo. Es necesario que incorporemos la muerte a la vida y que dejemos de considerar la Medicina como algo que consiste en evitar que la gente

---

[1] J. BÁTIZ, *Ante la muerte, ¿cómo cuidar a las personas?*, Revista Iberoamericana de Bioética, 2019, Núm. 11/01-14.

muera. Durante muchos siglos los hombres morían de una manera bastante similar, sin grandes cambios, hasta hace cuatro o cinco décadas que, de repente, comenzó a cambiar de forma radical. Antes era una muerte conocida, serena y familiar. Ahora se considera una muerte prohibida, inaceptable y sucia. Yo mismo he comprobado esa evolución.

Recuerdo que cuando falleció uno de mis abuelos fue en su casa, en su cama, rodeado de sus seres queridos, su esposa, sus hijos, sus nietos, sus hermanos, todos entendíamos que su vida llegaba a su fin de una manera natural. Pero a lo largo de los años, sobre todo durante mi carrera profesional como médico, contemplé otros escenarios muy distintos de cómo era la muerte; unas veces como una muerte trágica y violenta, otras veces, indigna por un sufrimiento no aliviado, por una soledad no acompañada, etc. Esto motivó en mí que me empeñara como médico en que la muerte se pareciera más a la de mi abuelo.

Cuando leí en una revista profesional un artículo que se titulaba *Entre la muerte inevitable y la búsqueda de la inmortalidad*[2], me hizo reflexionar sobre el empeño que estamos teniendo en considerar la muerte como una etapa de la vida que podemos evitar y sobre nuestra insistencia en la búsqueda de la inmortalidad. Es entonces cuando nos tenemos que preguntar: ¿Dónde estamos?, ¿hacia dónde vamos? Porque, mientras vivimos

---

[2] J. SANS-SABRAFEN, *Entre la muerte inevitable y la búsqueda de la inmortalidad*, Medicina Clínica, 2002; 119(3): 99-102.

ocupados por las necesidades de la práctica diaria, en ciertas mentes se está gestando una nueva concepción médica de la vida y de la muerte.

La pregunta por el sentido de la propia vida no suele plantearse mientras todo va bien. Pero cuando se rompe una ilusión, cuando pasa algo que no esperábamos, cuando se frustran las expectativas, cuando fracasamos, cuando enfermamos, sí nos preguntamos por el sentido que tiene nuestro esfuerzo. Y cuando percibimos la proximidad de la muerte, la pregunta por el sentido de la vida se hace más virulenta que nunca.

Quien vive cada día como si fuera el último, lo vive de una manera especial porque sabe que todo lo que haga no se repetirá jamás. Es verdad que no sabemos nunca con certeza cuándo será nuestro último día, como tampoco somos conscientes del primer día que comenzamos a vivir. Pero sabemos que habrá un último día, una última tarde, una última noche. Por eso, el que vive sabiendo que hay un final, vive con intensidad el ahora.

En la vida normal, se sabe, por supuesto, que a esa persona se la quiere. Lo que no se sabe es cuánto se la quiere, porque los quehaceres diarios parecen ocultar la profundidad del cariño. Solo se alcanza a divisarlo y a sentirlo en ocasiones cruciales, como es ante una enfermedad grave y la proximidad de la muerte.

Para cuidar bien al final de la vida va a ser necesario una buena comunicación para comprender mejor los problemas del enfermo, así como sus deseos. Hemos de escucharle, porque si le escuchamos atentamente le estaremos mostrando nuestro respeto y nuestro apoyo para que se enfrente mejor a estos momentos tan difíciles y únicos para él. Si le escuchamos, podremos apreciar su actitud ante la enfermedad y sus emociones. Yo aprendí a escuchar a mis enfermos y eso me permitió conocer sus deseos, sus miedos, sus penas, etc. Deseo que, cuando llegue mi momento, también me escuchéis.

Es muy importante que el enfermo pueda hablar sin interrupciones y expresar sus pensamientos. A veces, lo que necesita el enfermo es que estemos a su lado en silencio, atendiéndole, acogiendo lo que expresa. No debemos cambiar de tema hasta que él lo haga, ni tampoco dar consejos precipitadamente porque, en esos momentos, ya no los necesita. La relación va a ser más satisfactoria si se facilita que sea el enfermo quien llegue por sí mismo a sus propias conclusiones.

Hemos de contestar a sus preguntas y responder a sus dudas, pero con respuestas realistas y dejando que el enfermo se exprese totalmente para que pueda encontrar soluciones. Hay que permitirle que se desahogue siempre que quiera.

Una buena comunicación hace que se controle mejor el dolor, la ansiedad y la depresión. Si el enfermo se siente escuchado con atención, tal vez precise menos dosis de calmantes o de antidepresivos. Y, algo difícil pero posible, hemos de ponernos en el lugar del que sufre para buscar su mayor confort físico, mental y espiritual. Siempre teniendo en cuenta que el sufrimiento es lo que el enfermo dice que es, es lo que el enfermo describe y no lo que los demás pensamos que debe ser. También deseo reflexionar en este apartado sobre lo que supone para el médico la muerte. Decía Aristóteles[3] que «la soberbia de un médico es la peor de las enfermedades». Una soberbia que demostramos cuando consideramos que podemos combatir la muerte y que tenemos todo el poder sobre ella, pero a lo largo del acompañamiento a los moribundos dejamos de ser tan soberbios porque nos damos cuenta de que no la podemos vencer, tan solo, en ocasiones, la podemos retrasar, pero no más.

Por otro lado, decía Albert Camus[4] que «ni como hombre, ni como médico podrá acostumbrarse a ver morir a sus semejantes». Tenía toda la razón, porque cuando asistimos a la muerte de nuestros pacientes seguimos sin acostumbrarnos a ella en nuestra condición de médicos, pero ni siquiera como personas. Fue Elisabeth Kübler-Ross[5] quien planteó, como requisito para ayudar a los enfermos en fase terminal, la nece-

---

[3] Aristóteles (384-322 a.C.). Filósofo que nació en la ciudad de Estagira, al norte de la Antigua Grecia. Es considerado, junto a Platón, el padre de la filosofía occidental. Sus ideas han ejercido una enorme influencia en la historia intelectual de Occidente durante más de dos milenios.

[4] Albert Camus (1913-1960). Novelista, ensayista, dramaturgo, filósofo y periodista francés, nacido en Argelia. Su pensamiento se desarrolla bajo el influjo de los razonamientos filosóficos de Schopenhauer, Nietzsche y el existencialismo alemán.

[5] Elisabeth Kübler-Ross (1926-2004). Psiquiatra y escritora suizoestadounidense. Es una de las mayores expertas mundiales en la muerte, las personas moribundas y los cuidados paliativos.

sidad de afrontar la propia muerte. Para que podamos ayudar a quien se esta muriendo y tiene próxima su muerte, hemos de hacerlo desde la aceptación de la muerte como una etapa natural de la vida, aunque sea la etapa final. Fue también esta doctora quien dijo, y lo hemos leído en sus escritos, que lo más importante es nuestra propia actitud y nuestra capacidad para afrontar la enfermedad mortal y la muerte. Si este es un gran problema en nuestra vida, y vemos la muerte como un tema tabú, aterrador y horrible, nunca podremos ayudar a un paciente a afrontarla con tranquilidad.

Si no podemos afrontar la muerte con ecuanimidad, ¿cómo podremos ser útiles a nuestros pacientes? Damos rodeos y hablamos de trivialidades, o del maravilloso tiempo que hace fuera. El Dr. Carlos Cristos[6] contestó a la pregunta: «¿De dónde saca fuerzas para mantener su ímpetu ante la adversidad?», con esta respuesta:

> Pues de haber sido médico tantos años: cuando uno acompaña a su primer moribundo o firma el primer certificado de defunción, puede parecer que vive una situación excepcional, pero cuando esto se repite una y otra vez, uno se da cuenta de que morirse es corriente. La muerte engloba toda nuestra actitud de médicos hacia el enfermo. Es un problema diario y acuciante, al mismo tiempo que un planteamiento

---

[6] Carlos Cristos (1956-2008). Médico vigués, afectado por una enfermedad terminal (atrofia sistémica múltiple), plasmó su lucha por la vida en el documental *Las alas de la vida* (2006).

filosófico profundo, sin duda el más importante para el ser humano. Es muy difícil una actitud madura y serena del médico frente a la muerte porque además de médicos somos personas que también tenemos miedo y angustia ante la propia muerte.

La muerte de nuestros enfermos nos recuerda, por resonancia, a los médicos nuestra propia muerte. En ocasiones, arremetemos contra ella con cierto sentimiento de inmortalidad. La confrontación ante la muerte del enfermo nos obliga a afrontar la realidad, tantas veces negada, de la propia muerte. La previsible y cercana muerte del enfermo nos enfrenta a nuestro propio destino, recordándonos nuestra caducidad. Los médicos somos casi los únicos, en nuestra comunidad, a quienes se nos atribuyen la inmortalidad y la omnipotencia, aunque la verdad sea muy distinta. Tal vez tengamos los médicos más miedo a la muerte que los propios enfermos.

Cuando nos estamos formando como médicos, necesitamos ver que la muerte, tarde o temprano, les llega a los enfermos, nos llega a todos, y, como dice mi amigo, el Dr. Marcos Gómez Sancho[7], el tránsito hacia la muerte se realiza, con toda seguridad, a través de la puerta del envejecimiento y las enfermedades crónicas.

Solamente, cuando seamos capaces de aceptarla como algo natural y, antes o después, inevitable, nos dedicare-

---

[7] Dr. Marcos Gómez Sancho. http://www.mgomezsancho.com/esp/index.php.

mos a cuidar a los enfermos hasta el final y sin sensación de fracaso. El miedo a la muerte es una de las emociones más enraizadas en la psique humana. Esta ansiedad ante la muerte y todo lo que la rodea influye en la relación terapéutica entre el profesional sanitario y el paciente o su familia. Si hacemos un acompañamiento cercano y sincero a nuestro enfermo, es mucho lo que podemos aprender del proceso de morir, antes de ser nosotros mismos los que estemos pasando por el lugar en el que él se encuentra.

3
Permitidme participar en las decisiones sobre mis cuidados

Deseo que me permitáis participar en aquellas decisiones que tengan que ver con mis cuidados y que tengáis en cuenta mi opinión, no porque sea médico, sino porque en ese caso sea un enfermo que sufre y se está muriendo. Desearía que no ejerzáis conmigo el paternalismo de antaño, pero que tampoco caigáis en la obstinación autonomista. Ya se que tengo derecho a mi autonomía, pero, si queréis ayudarme de verdad, deliberad conmigo las decisiones que se vayan a tomar; es decir, quiero que me ayudéis de verdad con una autonomía compartida.

Durante muchos años hemos sido los médicos los que decidíamos lo que considerábamos mejor para nuestros enfermos, pero a partir del año 2002, mediante la Ley sobre la autonomía del enfermo[1], se reconoció el derecho a decidir sobre asuntos tan importantes como

---

[1] Ley 41/2002, de 14 de noviembre, básica reguladora de la autonomía del paciente y de derechos y obligaciones en materia de información y documentación clínica.

todo aquello que tiene que ver con nuestros cuidados y nuestra atención médica.

En ocasiones, cuando el enfermo se hace mayor, los sanitarios consideramos que tal vez no nos va a entender y nos dirigimos a sus familias; y estas aceptan tomar las decisiones que debiera tomar el propio enfermo. Juan tenía 90 años, pero tenía muy bien la cabeza, mantenía interesantes conversaciones con los profesionales que le atendíamos. Cuando el médico adjunto del servicio tuvo que plantear una prueba diagnóstica para poder ajustar sus cuidados, lo hizo directamente a sus familiares; les informó sobre cuál era el objetivo de la prueba y en qué consistía. Una vez que la familia la autorizó, el médico dio la orden al personal de enfermería para que se llevara a cabo dicha prueba diagnóstica. Juan se dejó llevar sin saber a dónde ni para qué. Cuando el médico adjunto presentó los resultados de la prueba y la propuesta de cuidados de Juan en la sesión clínica diaria del equipo, como jefe de la Unidad le pregunté si Juan conocía qué prueba le iban a hacer y para qué. El adjunto me respondió que ya se lo había explicado todo a la familia y creyó que eso era suficiente. Para poder corregir esta situación, se le pidió al adjunto que primero se disculpara ante Juan por haber informado a su familia y no a él, y que le explicara a Juan por qué le habían realizado esa prueba y para qué. Y con los resultados de la prueba, le consultara a él si estaría de acuerdo en que le realizaran los cuidados que habían previsto, teniendo en cuenta dicho resultado. Juan entendió la disculpa y el resto de las explicaciones.

De este caso aprendimos mucho. No dar por hecho que los enfermos ancianos no van a entender nuestras explicaciones. Lo tenemos que intentar en primer lugar, adaptándonos a su capacidad de entender. No debemos olvidar que una forma de discriminar socialmente al anciano es nuestra falta de paciencia y de comprensión que podemos tener con nuestro trato.

Sirva otro ejemplo para poder entender que debemos tener en cuenta y respetar los deseos de los enfermos en primer lugar. En nuestra Unidad presenciamos la decisión por parte de la familia de una enferma de ingresarla en una Residencia Geriátrica. Esta enferma había ingresado en nuestro hospital a petición de su familia para un tratamiento rehabilitador por secuelas de un accidente cerebrovascular. Durante su ingreso, acudió personal de la Diputación Foral de Bizkaia para hacer una evaluación de la paciente para el traslado a la Residencia que su familia había solicitado. La enferma, a pesar de su disfasia[2], consiguió preguntar para qué estaban aquellas personas y, cuando le dijeron que era para ingresarla en una Residencia, la enferma se negó a ser reconocida y el llanto era diario a partir de ese día. La familia, extrañada por su actitud, nos preguntó que si lo que le pasaba era porque «no tenía riego». Nosotros les dijimos que lo que le pasaba era que ellos estaban decidiendo por ella y que nunca se lo habían consultado.

---

[2] Disfasia: Trastorno o anomalía del lenguaje oral que consiste en una falta de coordinación de las palabras y se produce a causa de una lesión cerebral.

Cuanto más avanzada es la edad o cuando estamos en una situación de vulnerabilidad, necesitamos ser escuchados con imperiosa exigencia, y que se tengan en cuenta nuestras ideas, tanto culturales como religiosas.

En estas circunstancias tenemos necesidad de que se nos respete como seres libres que debemos tomar nuestras propias decisiones y no tratarnos como un menor, no somos niños.

Es de suma importancia mantener informado al paciente en fase terminal del carácter y de la evolución de la enfermedad para poder contar con su colaboración en el desarrollo de sus cuidados. En el caso del paciente anciano es especialmente importante ya que, por un lado, esta colaboración con frecuencia es más difícil de obtener y, por otro, el médico tiende también a eludirla basándose en que ha de emplear mayor tiempo y atención para podérsela proporcionar o por sus mayores dificultades para comunicarse con el paciente.

En muchas ocasiones, el médico intenta evitar la relación con el enfermo, para lo cual utiliza diferentes coartadas, como son las visitas rápidas, el no dirigirse directamente al paciente sino a la enfermera o a los acompañantes para preguntar sobre su estado, el contestar con monosílabos o con frases estereotipadas, el adoptar actitudes demasiado distantes, o el no conversar con el enfermo argumentando su dificultad para escuchar. En nuestra sociedad adoptamos una actitud de relegar al individuo anciano a un papel eminentemente pasivo y a decidir por él, aplicándole criterios paternalistas que no se consideran adecuados para uno mismo.

Para que tengan en cuenta nuestras opiniones, es necesario que dejemos por escrito cómo deseamos que nos cuiden al final de nuestra vida, por si no podemos expresarlo personalmente a quienes nos cuiden en ese momento. Esta actitud debiera estar normalizada entre nosotros. No hemos de olvidar que en un momento u otro todos nos vamos a encontrar en el umbral de salida de esta vida. Para dejar por escrito nuestros deseos disponemos del llamado *Documento de voluntades anticipadas, Documento de instrucciones previas* o el que coloquialmente denominamos *Testamento vital*.

Este documento, adecuadamente cumplimentado y debidamente registrado, es vinculante legalmente. Además, supone un imperativo deontológico para el médico asistencial respetarlo y cumplirlo, como dice nuestro *Código de Deontología Médica*[3] (2022) en su artículo 38.3: «Cuando la situación clínica del paciente no le permita tomar decisiones, el médico debe respetar las instrucciones previas o voluntades anticipadas y, en el caso de no existir, la opinión del paciente manifestada y conocida con anterioridad y la expresada por sus representantes».

El enfermo necesita que le ayudemos y que podamos *oír su voz* ante un momento trascendental para él

---

[3] El *Código de Deontología Médica* contiene las reglas que deben seguir los médicos en el ejercicio de su profesión.

como es el final de su vida. Para poder llevar a cabo debidamente lo que necesita y desea el paciente y lo que le ofrece el médico, se aconseja una deliberación franca basada en el diálogo y el respeto entre médico y enfermo, muy alejada de la imposición rutinaria de antaño o de la aplicación acrítica de protocolos actuales en nombre de una buena práctica profesional. Los enfermos necesitan que hablemos más con ellos, que los escuchemos y que compartamos con ellos las decisiones que se vayan a tomar en esos momentos tan difíciles y únicos para ellos como es el final de sus vidas.

Conocer los últimos deseos o las últimas voluntades del enfermo es de gran importancia, con el fin de respetar así su autonomía y huir de una práctica médica paternalista. Pero tampoco conviene caer en la obsesión legalista y defensiva de pensar que un documento escrito será más claro que un diálogo mantenido con el paciente. El *Documento de voluntades anticipadas* puede servir como un elemento de partida para continuar un diálogo sobre su proyecto de vida en sus últimos días.

Los últimos deseos del enfermo no solo los podemos conocer a través de un documento escrito, que tal vez se haya firmado en unas condiciones distintas a las que tenga ahora cercano a su muerte y, por ello, a pesar de que exista el documento, hemos de mantener un diálogo constante con el enfermo, que se encuentra en situación de enfermedad avanzada o terminal en la que su muerte puede estar muy próxima, para conocer sus últimos deseos; así lo solemos hacer en cuidados paliativos, porque cuando estamos junto al enfermo a lo largo de la etapa final de su enfermedad, podemos llegar a conocer sus últimos deseos, sus últimas voluntades, incluso, sus cambios de opinión.

El *Documento de voluntades anticipadas* es una herramienta muy valiosa y necesaria cuando tenemos que atender a un enfermo que se encuentra inconsciente.

En el *Documento de voluntades anticipadas* se pueden expresar los principios vitales y los criterios que deben orientar las decisiones a tomar en el ámbito sanitario, como son: los valores y las opciones personales respecto a los momentos finales de la vida u otras situaciones de grave limitación física o psíquica, la elección del lugar donde desea recibir los cuidados al final de la vida y la voluntad de ser donante de órganos. También se pueden expresar aquellas situaciones sanitarias concretas en las que el paciente quiere que se tenga en cuenta su aceptación o su rechazo de determinados tratamientos o cuidados. Así como instrucciones y límites referidos a las actuaciones médicas ante las situaciones previstas, es decir, qué quisiera o qué no quisiera el enfermo con respecto a tratamientos y cuidados en caso de incapacidad temporal o definitiva.

La designación de un representante para que actúe como interlocutor válido ante el equipo sanitario, en el caso de que el paciente no pueda expresar su voluntad, y para que lo sustituya en la interpretación y cumplimiento de las instrucciones, también conviene reflejarlo en este documento. Lo que no se podrá solicitar es aquello que vaya en contra de la ley vigente o en contra de la buena práctica médica.

4

No me dejéis morir solo

Como expresa el neurocientífico Mariano Sigman[1] en su libro *El poder de las palabras*, la soledad verdadera consiste en no tener con quién hablar. Sin buenas conversaciones se desregulan pilares básicos de la salud, desde el sistema inmune a toda una gama de procesos metabólicos que incluyen hasta la expresión de nuestros genes. También se degrada el sistema de control cognitivo con el que gobernamos nuestras ideas y emociones. La soledad resulta ser uno de los factores de riesgo más nocivos e ignorados de la salud física y mental.

No quiero morir solo, abandonado por mis seres queridos, ni por mis amigos, ni por los profesionales, ya que he podido comprobar, junto a los moribundos, que morir en soledad es uno de los mayores sufrimientos de la persona. Por el contrario, la compañía de sus seres queridos y de quienes los atienden les sirve de gran ayuda y mejor tratamiento para combatir la soledad en el final de la vida. Nadie quiere morir solo.

---

[1] M. SIGMAN, *El poder de las palabras. Cómo cambiar tu cerebro (y tu vida) conversando*, Debate, Barcelona 2022.

Todo ser humano, por naturaleza, desea morir acompañado, cuidado por las personas que ama. En dichas circunstancias, estrechar los vínculos es fundamental, sin embargo, el enfermo moribundo sabe que debe enfrentarse personalmente al reto de la muerte y que nadie puede hacerlo por él.

Lo esencial en el proceso de acompañar es no dejar solo a quien no desea estar solo. Es de suma importancia que los moribundos no se sientan abandonados; en otras palabras, que sientan que están siendo cuidados por otros, incluso aunque sean conscientes de que no tienen cura. Deseo que respetéis mi soledad buscada y que me libréis de una soledad obligada.

También hemos de tener en cuenta que la soledad es una posibilidad existencial del ser humano, pero no solo es una posibilidad, sino que en ocasiones puede llegar a ser una necesidad. El ser humano necesita soledad para desarrollarse y crecer.

En nuestro planeta Tierra hay lugares muy solitarios, pero también hay lugares que están superpoblados, donde la densidad humana por metro cuadrado es descomunal. La soledad no tiene un sentido meramente geográfico ni demográfico ya que se puede estar con sensación de soledad en el lugar más denso del mundo, porque la soledad, en la esfera humana, no es un espacio físico, sino un ambiente de tipo anímico. Una persona puede hallarse en el lugar más solitario del planeta y no tener sensación de estar solo porque para ello se requiere una determinada predisposición anímica.

En el ser humano existe un doble riesgo: por un lado, el riesgo de vivir permanentemente en el exterior de uno mismo y, por otro lado, el riesgo de aislarse del mundo afectivo y encerrarse en el caparazón de la soledad. El ser humano necesita al otro para construirse, pero también necesita la soledad para descubrirse a sí mismo. Miguel de Unamuno[2], en su ensayo sobre *La Soledad,* considera que el ejercicio de la soledad, el aislamiento y el recogimiento personal son fundamentales para conocer a los otros seres humanos y para ahondar con más intensidad en la entraña de uno mismo.

Los enfermos sufren soledad, pero también necesitan de la soledad. La *soledad buscada* es una necesidad vital del ser humano y constituye el fundamento de su identidad personal. La *soledad obligada* se impone desde el exterior y significa la negación del mundo afectivo, como afirma el filósofo Francesc Torralba[3] en su libro *Antropología del cuidar.* Por tanto, se puede decir que la soledad deseada desde el interior es bella y la soledad obligada desde el exterior es dolorosa. El ser humano necesita la soledad interior para desarrollarse integralmente, pero también necesita protegerse de la soledad dolorosa para poder desenvolverse de un modo equilibrado. Partiendo de estos dos conceptos sobre la soledad, deseo hacer

---

[2] Miguel de Unamuno (1864-1936). Escritor y filósofo nacido en Bilbao y perteneciente a la *generación del 98*. En su obra cultivó gran variedad de géneros literarios como la novela, ensayo, teatro y poesía.

[3] Francesc Torralba (Barcelona, 1967). Filósofo y Teólogo. Catedrático de Ética en la Universidad Ramón Llull. Su pensamiento gira en torno a los elementos centrales de la existencia humana.

algunas reflexiones prácticas sobre cómo cuidar a los enfermos, sobre todo en el final de la vida.

Sentirse a salvo, estar acompañado y tener conciencia de ello es fundamental para soportar la soledad física. Sin embargo, cuando estamos asistiendo a un hecho ineludible en nuestra sociedad como es la atomización de los individuos, ello desemboca, con mucha frecuencia, en la experiencia de la soledad obligada, de la soledad forzada. Esta es la soledad de tantos ancianos que viven solos en un decrépito hogar. Esta es la soledad del huérfano. Esta es la soledad de la viuda. Esta es la soledad del indigente que duerme en la calle.

Cuando tenemos que cuidar a un enfermo, la cuestión de la soledad es fundamental, porque cuidar a un ser humano es, en primer lugar, estar con él, no abandonarle a la soledad dolorosa. Cuando el ser humano sufre dolor o una enfermedad, siente con un deseo imperioso la afectividad del prójimo, siente la necesidad de desarrollar su mundo afectivo. Es precisamente entonces cuando la experiencia de la soledad obligada, la experiencia del abandono, es particularmente negativa y tiene efectos muy graves en el estado anímico del enfermo.

El moribundo necesita sentirse que no es abandonado ni por los sanitarios ni por su familia ni por sus amigos. Ha tenido ocasiones en su fase terminal de querer estar a solas consigo mismo, pero ahora, cuando llega el momento, no quiere morirse solo. Desea sentirse acompañado, necesita sentirse querido. Nuestra manera de cuidarle es ofrecerle nuestra compañía; incluso cuando él desea estar en silencio o está inconsciente, continúa sintiendo nuestra compañía. De esta manera no se encuentra solo, también está acompañado.

Para ilustrar la soledad en la que, al final de la vida, se suele encontrar el enfermo, deseo recordar un pasaje de *La muerte de Iván Ilich* escrita por León Tolstoi[4] en 1886. Cuando Iván regresó a su casa, después de haber tenido la consulta con su médico, León Tolstoi describe lo siguiente:

> Llegó a casa y empezó a contar lo ocurrido a su esposa (su médico le había informado de que padecía una enfermedad grave, mortal). Ella le escuchaba, pero en medio del relato entró la hija con el sombrero puesto, lista para salir con su madre. La chica se sentó a regañadientes para oír la fastidiosa historia, pero no aguantó mucho. Su madre tampoco le escuchó hasta el final.
>
> —Pues bien, me alegro mucho –dijo la mujer–. Ahora pon mucho cuidado en tomar la medicina con regularidad. Dame la receta y mandaré a Gerasim (era

---

[4] León Tolstoi (1828-1910). Novelista ruso considerado uno de los escritores más importantes de la literatura mundial. Sus obras más famosas son *Guerra y paz* y *Ana Karénina*. Para los paliativistas una novela de referencia es *La muerte de Iván Ilich*, novela muy corta que explora la vida de Iván, un abogado que procura mantener un estatus social, una familia acostumbrada a un estilo de vida acomodada, una exitosa carrera profesional y una vida social activa hasta que comienza a padecer una extraña enfermedad.

su fiel criado, que siempre estaba con él) a la botica –y fue a vestirse para salir.

—Bueno –dijo Iván Ilich–. Quizá no sea nada al fin y al cabo.

Como se puede ver por este fragmento, a su esposa y a su hija les importó poco o nada la suerte de Iván Ilich, esposo y padre. Y él, sumido en una profunda soledad, no pudo siquiera hablar de sus temores[5]. Al único que tenía junto a él era a su fiel criado.

Es propio de la etapa final de la vida el deseo, por parte del enfermo, de fortalecer los lazos afectivos con la familia y con otros seres queridos para reconciliarse con todos y poder despedirse. Todos los que estamos cerca del enfermo y de su familia debemos facilitar que eso sea así.

Recuerdo aquel enfermo que estaba triste día tras día y cuando le preguntábamos el porqué de su tristeza, él nos confesó que tenía mucha pena porque sabía que se iba a morir muy pronto y, desde hacía muchos años, no se hablaba con un hijo suyo, y su gran deseo era hacer las paces con él antes de morir. Le pedimos permiso para facilitar ese encuentro y él nos lo concedió, pero sin tener muchas esperanzas en que se pudiera cumplir su último deseo. Conseguimos localizar a su hijo y explicarle la pena de su padre. El hijo acudió al hospital. El abrazo de su hijo resolvió la tristeza del padre provocada

---

[5] F. Ortiz Quesada, *El acto de morir*, Editores de Textos Mexicanos, 2006.

por la sensación de abandono. Ese mismo día nos dijo: «Doctor, ya me puedo morir tranquilo». A los pocos días falleció.

El enfermo, además de tener miedo a sufrir dolor físico, tiene un miedo mayor, que es el de morir solo y abandonado. Después de nuestra experiencia de muchos años asistiendo a enfermos en el final de sus vidas, podemos afirmar que lo más importante para el moribundo es sentirse acompañado en el momento final de su vida por aquellos que la compartieron con él. El acercamiento humano de la compañía reconforta al que se muere, mientras que la soledad incrementa el dolor por despedirse de la vida sin nadie a su lado.

El enfermo necesita no seguir sufriendo. Necesita ayuda para comprender y adaptarse al proceso de su enfermedad; necesita que le informen para poder tomar sus decisiones; necesita ayuda en su tristeza; no debe sentirse abandonado por los profesionales, siendo remitido de un nivel de atención a otro, donde no observa coordinación sino sensación de «traslado del problema a otro». Necesita que la burocracia no le impida recibir el tratamiento y las ayudas sociales adecuadas para que su familia le pueda cuidar mejor. Necesita estar cerca de sus seres queridos, si es posible en su domicilio, pero con la ayuda profesional necesaria; si ha de ser en el hospital, al menos que no esté tan distante que dificulte el acceso diario a su familia para acompañarle en los últimos días.

Para el enfermo que está en la etapa final de su vida, la familia lo es todo. Sin embargo, nosotros a veces la convertimos en una etapa mecánica y despersonalizada y *provocamos* que la familia deje al enfermo solo, ingresado en grandes complejos hospitalarios, que han sido diseñados sin tener en cuenta las necesidades reales de estos enfermos, donde las trabas para que las familias puedan permanecer con ellos les supone un factor de soledad y de angustia.

Sin duda alguna no soy yo, por mi condición de médico, el más indicado para escribir sobre la importancia de la familia en el enfermo en fase terminal. Son los psicólogos, los trabajadores sociales, los que intervienen en la familia, los que podrían hacerlo, pero somos los sanitarios, que estamos junto a los enfermos, los que observamos las distintas actitudes de la familia con el enfermo y, sobre todo, constatamos lo que influyen estas actitudes en esa fase final de la vida, unas veces de manera positiva y, otras muchas, de manera negativa. Sin olvidar que, ante la situación final de vida, en la familia del enfermo surge una serie de necesidades que se suelen convertir en ansiedades y que podrían, en ese caso, hacer que surgieran conflictos entre los propios familiares, que repercutirían directamente en la atención que el enfermo recibiría de su propia familia, si no se detectan y se resuelven a tiempo. Yo he detectado tres necesidades de las familias cuando tienen un ser querido ingresado en fase terminal[6]:

---

[6] J. Bátiz (2016), *Aportaciones socio-sanitarias del Hospital San Juan de Dios de Santurce desde 1924 a 2014* (Tesis doctoral), Hospital San Juan de Dios de Santurce, 193.

1. *Reajuste familiar en el tiempo del cuidado al enfermo.* Cada miembro de la familia tiene su propio trabajo y su propia familia, por lo que tienen que llegar a un acuerdo entre ellos para atender al enfermo. Esto implica turnarse en el tiempo, *abandonar* temporalmente el trabajo o las atenciones a la propia familia. Si esto ya es difícil organizarlo, imaginemos lo que supondría si el trayecto desde casa hasta el hospital es largo.

2. *Tiempo para gestionar todos los recursos.* Tiempo para cuidar y acompañar sin prisas al enfermo. Tiempo para hablar con los profesionales y compartir dudas y temores.

3. *El dinero es una de las principales preocupaciones de la familia.* Una familia con escasos recursos económicos, si quieren acompañar a su familiar enfermo en sus momentos finales, deben emplear su dinero, por ejemplo, en viajes para acudir donde está ingresado.

Todas las necesidades que he ido describiendo a lo largo de estas páginas no se pueden satisfacer solo con profesionales de la Medicina y de la Enfermería. Es preciso que entren en acción otros profesionales de la Psicología, del Trabajo Social, así como agentes de las distintas creencias religiosas y también voluntarios.

Cuando se presente el final de la vida, se trasciende a otros pensamientos y a preguntas cuyas respuestas para el enfermo son muy importantes para poder dar sentido a su vida; por lo que también hemos de satisfacer esta necesidad espiritual. No debemos olvidar que, en esta situación de terminalidad, la familia no estorba, sino que es necesaria; la debemos asumir como colaboradores indispensables para unos cuidados adecuados.

Estas necesidades tampoco se podrán satisfacer si los cuidadores profesionales no estamos adecuadamente formados en habilidades de comunicación, en bioética y en trabajo en equipo.

En esta etapa final de la vida, la persona se siente más vulnerable, más retraída, más aislada física y emocionalmente. Cuando el enfermo presiente su muerte, se debate entre momentos de esperanza por su curación y el dolor de ver próxima su muerte. Por un lado, espera que se descubra algún remedio para su enfermedad, pero, por otro lado, comprueba que ese remedio no llegará a tiempo porque su vida se acaba.

Sin embargo, ante esta situación, nosotros tendemos a evitar el acercamiento al enfermo por no saber qué decirle. Y es en este momento cuando más necesita que le dediquemos nuestro tiempo para conocer lo que le preocupa y poder así poner en orden sus pensamientos. Es preciso que estemos a su lado, que le escuchemos, que le visitemos con frecuencia, que le mostremos respeto y comprensión para que tenga claro que estamos dispuestos a apoyarle ante todo lo que le pueda ocurrir.

Nuestra compañía será el mejor medicamento que a este enfermo se le pueda dar en ese momento, teniendo en cuenta que es un medicamento que carece de contraindicaciones y de efectos secundarios. Así que dediquémosle nuestro tiempo. No le dejemos que se muera solo.

El primer imperativo ético en cuidados paliativos es no abandonar al enfermo. Cuando nos encontramos ante un enfermo en situación clínica de terminalidad, no cabe la exclamación «¡No hay nada que hacer!». En ocasiones, la familia suele escuchar dicha exclamación a los profesionales que atienden a su familiar enfermo. Pero lo más imperdonable es cuando quien lo escucha es el propio paciente. Sentirse abandonado por los profesionales es un síntoma que le provoca un sufrimiento añadido a los síntomas que acompañan su fatal enfermedad.

No solo se abandona a la persona enferma diciendo que ya no hay nada que hacer, se abandona también cuando los profesionales no se preocupan por formarse en cuidados paliativos para acompañarla en el tramo final de su vida. En otras ocasiones, se la abandona por miedo o sensación de fracaso profesional. Recordaré las formas de abandonar al enfermo para que no lo hagamos, porque sabemos que hay aún, en esa etapa final, muchas cosas por hacer.

Abandono por falta de formación. Tradicionalmente la formación académica en Medicina se ha centrado en la curación como objetivo, lo que ha provocado, en muchos casos, que los profesionales carezcan de herramientas clínicas y personales para enfrentarse a situaciones en las que no es posible curar al enfermo. Esta falta de formación en Medicina paliativa suele derivar en *tres tipos de actitudes* que favorecen el abandono del enfermo:

- Quienes consideran que se encuentran ante una situación compleja y deciden evitarla y dejan a la persona enferma y a su familia a la libre evolución de su proceso, entendiendo además que los cuidados paliativos solo deben ser aplicados en las fases agónicas.
- Quienes consideran que es una situación nimia y de escasa complejidad que puede ser fácilmente manejada con sus conocimientos técnicos para el control de los síntomas físicos.
- Quienes, ante el miedo y las reticencias a aceptar la situación, emprenden actitudes más intervencionistas y evitan la comunicación y los encuentros incómodos con el enfermo y su familia.

Abandono por miedo o sensación de fracaso profesional. Nuestros enfermos ya saben que no somos unos dioses. Lo que desean es que no les abandonemos cuando más lo necesitan. Desean tenernos a su lado con nuestro acercamiento humano para que les ayudemos en todas sus necesidades. Han comprendido que la técnica ya no les es útil para curar su enfermedad, pero tienen necesidad de las personas, de su familia, de sus amigos y de su médico. Necesitan que les expliquemos lo que les va a pasar, necesitan que no les engañemos, pero todo ello con una sensibilidad exquisita para que les ayudemos a comprender lo que necesitan en esos momentos tan difíciles y únicos para ellos.

Abandono paternalista y abandono autonomista. Hasta la vigencia de la Ley 41/2002 básica reguladora de la autonomía del paciente, el paternalismo que ejercíamos los médicos sobre los pacientes y sus familiares era una forma de «no contar con ellos», de no tenerlos en cuenta, de abandonarlos. Nuestro criterio era el que se imponía. Una vez vigente dicha Ley, pueden surgir conflictos cuando entendemos la relación médico-enfermo en términos excesivamente *autonomistas.* Por ello no hemos de abandonar al enfermo argumentando la Ley de autonomía. ¿Cuándo puede darse el abandono autonomista? Por ejemplo, cuando, una vez informados debidamente el paciente y su familia sobre las alternativas de tratamientos y sus consecuencias, el paciente pregunta:

—Doctor, ¿y usted qué me aconseja?

Y el doctor le responde:

—Yo ya le he informado, usted es el que tiene que decidir ahora.

Esto también es abandonar al enfermo. En ese momento, necesita nuestra ayuda para tomar una decisión acertada. Es entonces cuando debiéramos ejercer razonablemente la autonomía del enfermo, a lo que podríamos llamar *autonomía compartida.* Y para ello hay que tomarse en serio su autonomía, haciendo todo lo necesario para que sus decisiones sean lo más meditadas, prudentes y razonables posible.

Lo conseguiremos con una información comprensible sobre los beneficios y sobre los riesgos o las molestias. Para cumplir con este primer imperativo ético de no abandonar al enfermo, hemos de ser delicados para ayudarle a decidir.

La simple relación contractual médico-paciente no es la única alternativa al paternalismo ya rechazado en la práctica médica. Pero tampoco esta relación resulta suficiente como ayuda, especialmente para afrontar situaciones difíciles, porque el enfermo necesita más personalización, más miramiento hacia su mundo personal y puede encontrar crueles las actitudes *defensivas* o de distanciamiento. Esto ocurre, por ejemplo, cuando se reclama un consentimiento escrito o excesivamente explícito ante una demanda evidente, o cuando se hace decidir a la familia la retirada de un tratamiento fútil.

La alternativa que el enfermo pide es la de una relación más comprensiva y compasiva, que se base en la hospitalidad; es decir, que se interese por el mundo personal que representa, que permita expresar miedos, manifestar deseos y descubrir preferencias, y que favorezca llegar a decisiones compartidas y basadas en la confianza mutua[7].

---

[7] COMITÉ DE BIOÉTICA DE CATALUÑA, *Recomendaciones a los profesionales sanitarios para la atención a los enfermos al final de la vida*, Fundación Grifols, Barcelona 2010.

Abandono terapéutico. Cuando nuestra actuación médica es insuficiente podemos decir que estamos realizando un abandono terapéutico[8]. Abandonamos cuando no adecuamos las dosis necesarias a la eficacia de la analgesia por miedo a *pasarnos*. Abandonamos si no prevenimos el estreñimiento cuando prescribimos opioides. Abandonamos también cuando no utilizamos la sedación cuando está indicada. En definitiva, abandonamos cuando no atendemos cualquier síntoma que le produzca sufrimiento al paciente. Abandonamos cuando solicita nuestra escucha y no le dedicamos tiempo. Abandonamos cuando no le informamos adecuadamente. Abandonamos cuando pretendemos conseguir nuestro éxito controlando las metástasis sin tener en cuenta el sufrimiento inútil que le puede suponer al enfermo dicho tratamiento.

La tecnología médica está teniendo un extraordinario desarrollo en los últimos años, así como la biología molecular, que tal vez ha propiciado que sepamos más sobre la enfermedad y menos sobre quien la padece. Esto ha ido generando en los profesionales sanitarios una valoración casi exclusiva del concepto de *curar*, en detrimento e incluso olvido del que ha sido el principal objetivo de la medicina en sus inicios: *cuidar*. Como consecuencia de ello, cuando no podemos curar, a veces dejamos de cuidar, abandonando a la persona en una etapa de la vida en la que más ayuda necesita, en

---

[8] P. Requena, *¡Doctor, no haga todo lo posible! De la limitación a la prudencia terapéutica*, Editorial Comares, Granada 2017, 22.

circunstancias difíciles y con un sinfín de síntomas no aliviados.

Nuestra cultura rechaza la muerte y a menudo se contempla como un fracaso médico más que como algo que conlleva la condición humana. A este respecto, solemos mantener una relación contradictoria con la tecnología médica. Cuando estamos enfermos, queremos tener fe en las exageradas promesas de la intervención tecnológica, pero al mismo tiempo muchos de nosotros tememos una muerte de alta tecnología, con tubos que se introducen en cada orificio natural de nuestro cuerpo.

El abandono y la obstinación terapéutica[9] son los dos extremos de la mala praxis médica en la atención al final de la vida, que constituyen una grave vulneración del *Código de Deontología Médica*.

---

[9] La *obstinación terapéutica* consiste en la instauración de medidas no indicadas, desproporcionadas o extraordinarias, con la intención de evitar la muerte en un paciente tributario de tratamiento paliativo. Constituye una mala práctica médica y una falta deontológica. Las causas de obstinación pueden incluir, entre otras, las dificultades en la aceptación del proceso de morir, el ambiente curativo, la falta de formación o la demanda del enfermo o la familia (Definición según el Grupo de Trabajo Atención Médica al final de la vida de la OMC y la SECPAL, Gaceta Médica de Bilbao, 2015; 112[4]: 216-218).

5

Cuando os pregunte, no me engañéis

La importancia de que el enfermo esté bien informado me la enseñó mi amigo Joaquín. No estoy incumpliendo el secreto profesional al citar su nombre. Lo cito porque él mismo solicitó explicar todo esto a cara descubierta en los medios de comunicación; aceptó una entrevista en un periódico de gran tirada en Vizcaya. Él sabía que se moría, pero quería recomendar paciencia. Supo su diagnóstico de cáncer de riñón y comprendió que ese año iba a cumplir los cincuenta y siete y que *se iba a plantar* porque sabía que no iba a cumplir jamás los cincuenta y ocho; su único deseo era que las personas que le querían no sufrieran. Entonces no se vino abajo, aunque como él decía: «No me puse a dar saltos de alegría, pero hay que saber llevar el cáncer». Asumía lo que le estaba sucediendo y lo que esperaba que sucediera. Sabría más tarde que tenía metástasis en todo el peritoneo[1].

Antes de seguir explicando aspectos positivos de la información que Joaquín tenía sobre su enfermedad y

---

[1] Peritoneo: Membrana que cubre la superficie interior del abdomen y forma varios repliegues que envuelven las vísceras.

que le ayudaron a sobrellevarla en los últimos meses, desearía contarles algo que les ayudará a comprender mejor los párrafos siguientes. Desde el comienzo de nuestra relación médico-paciente le prometí a Joaquín no engañarle nunca. Cuando aún yo no conocía el resultado de la citología del líquido ascítico[2] que le habían extraído para aliviar sus molestias, él encontró el informe que su familia tenía preparado para entregarme. Joaquín lo leyó y me llamó al teléfono móvil, a través del que él y yo teníamos una comunicación continua cuando no nos podíamos ver. La pregunta me dejó helado:

—Jacinto, ¿cuándo me voy a morir? Hace un momento he conocido que tengo metástasis peritoneales.

A mí tan solo se me ocurrió responderle con las palabras que poco antes de morir dijo el que fuera presidente de la República francesa, François Mitterrand:

—Joaquín, todos volamos a bordo de un avión que acabará un día estrellándose contra una montaña. Aunque la mayoría de las personas lo hemos olvidado, tú en cambio piensas en ello ahora porque tal vez has comenzado a distinguir ya la montaña a través de la ventanilla.

Seguidamente le dije:

—Aunque yo no pueda hacer nada por curarte, te doy mi palabra de que no te abandonaré.

Tampoco él, como los demás enfermos cuando conocen su diagnóstico fatal, se lo creía, ya que no

---

[2] Líquido ascítico: Acumulación de líquido en el espacio que existe entre el peritoneo y las vísceras abdominales.

había notado ningún dolor, ninguna molestia, nada de nada. Él quiso saber lo que le pasaba. Cuando alguien le preguntaba si hubiera preferido no saberlo, contestaba:

—¡Ni hablar! Si algo tiene que llegar, que llegue. La enfermedad me ha servido para saber dónde estoy.

Joaquín no quería molestar a los que le querían. Durante su enfermedad estaba preocupado de los demás. Yo no sé si le habré ayudado algo, pero él a mí sin duda alguna. Me regaló su amistad y me hizo reflexionar sobre lo importante que es la familia, los amigos y conocer la verdad. También en sus últimos momentos, cuando le preguntaba si su situación le había reforzado sus convicciones religiosas, decía:

—Más que reforzarlas, las ha atraído, porque tenía muy pocas, por no decir ninguna.

A pesar de su desenlace fatal inmediato, tenía sentido del humor y cuando en sus últimos días se tenía que trasladar en la silla de ruedas por su casa, él decía que era el coche descapotable más útil que había visto en su vida. Joaquín decía a los suyos que los iba a querer mucho mientras viviera, porque cuando muriese no se lo iban a creer.

También, antes de morir, quiso dar una lección a los enfermos en fase terminal que como él iban a morir. Lección que tampoco necesitó prepararla con ninguna bibliografía. Estas eran sus palabras magistrales:

—No soy quién para dar lecciones de nada, pero recomiendo a quien esté en la misma situación que la mía, y pueda, que intente conservar la paciencia; y si la pierde que la vuelva a recuperar.

A las personas que estuviesen a punto de morir les recomendaba:

—No se coman el coco, aunque el que dice que no piensa en la muerte miente como un bellaco. Instintivamente te viene a la cabeza.

Todos estos mensajes que nos ha dado Joaquín los exteriorizó porque estaba informado de lo que le pasaba y sabía lo que le iba a suceder. La información que poseía de su enfermedad le permitió en los últimos días de su vida decidir él sobre sí mismo.

El enfermo nos pide que le digamos la verdad, que no le engañemos, pero que tengamos delicadeza para comunicársela bien si tuviéramos que darle una mala noticia. Dicho de otra manera, nos pide que le digamos la verdad, pero *bajito* para que no le asustemos, como decía un humorista de nuestro país.

Muchos enfermos presienten su gravedad y piden que se confirmen sus dudas, desean conocer la verdad, saber si van a morir pronto. Por eso es importante responder a todas las dudas que plantee, pero respetando el momento en que el enfermo lo pida, cuando lo pida y, siempre, teniendo en cuenta que la comunicación de la verdad sea a través de la persona que él quiera.

Habrá que comunicarle la verdad que él pueda asumir, aceptar y comprender, procurando partir de lo que él ya conoce de su enfermedad. Se le explicará de forma sencilla y gradual, cuando él lo pida, pero, sobre todo, sin mentir. Si el enfermo descubriera cierta falsedad en nuestra respuesta, habremos conseguido que pierda la confianza en quien le comunica la mala noticia, aunque sea una persona muy cercana a él. Y, además, habremos conseguido que el enfermo se aísle emocionalmente en un momento en que lo que más necesita es abrirse, expresar bien sus sentimientos y dejar todo en orden.

No podemos ignorar que la persona, aunque enferma, tiene derecho a saber qué le ocurre, tiene derecho a tomar decisiones y tiene derecho a que se respete su dignidad. Aún no se ha muerto, por eso aún continúa teniendo derechos. Sin duda alguna, podrá enfrentarse mejor a su futuro y al de los suyos si conoce la verdad de su situación. Además, la mayoría de los enfermos saben lo que tienen porque perciben el deterioro de su cuerpo, que le hará sentir el mal pronóstico de su enfermedad.

Es muy importante que los más cercanos al enfermo puedan descubrir los beneficios de la comunicación, para así poder trabajar juntamente con él y poder arreglar los asuntos pendientes, logrando que la etapa final sea más sosegada. Todo lo que pueda hacer feliz al enfermo hay que hacerlo o decirlo ahora que aún está consciente y aún no se ha muerto.

Con la pregunta «¿Qué me pasa, doctor?», el enfermo nos expresa así su deseo de conocer el diagnóstico y el pronóstico de su enfermedad. Quiere saber lo que le pasa… Y nosotros tenemos el deber de explicárselo, pero de manera que lo entienda.

Tal vez el enfermo no se atreva a preguntar al médico sobre la gravedad de su padecimiento y sobre su pronóstico, porque cree que no va a ser sincero con él o simplemente porque el médico no le va a facilitar que pueda preguntarle sobre sus dudas. Es en ese momento cuando el enfermo intenta *investigar por su cuenta*: revisa enciclopedias de salud, revistas de divulgación, busca información en Internet... Y es entonces cuando se confunde más, ya que todo lo que lee lo atribuye a su enfermedad, sin poder mantener un diálogo con nadie. Ni Internet, ni la revista, ni la enciclopedia le pueden responder a su pregunta concreta. Su médico sí le podría responder, porque le conoce muy bien y conoce también muy bien *su enfermedad,* pero el enfermo no se atreve a preguntar.

Los médicos debemos conocer lo que el enfermo desea saber, hasta dónde quiere que le digamos la verdad de su enfermedad y de su pronóstico. No olvidemos que tiene derecho a estar debidamente informado para que, de esta manera, pueda tomar la decisión adecuada. Es muy importante que empleemos estrategias adecuadas para poder informarle de la verdad, de manera que nuestra forma de decirlo no añada más sufrimiento. Pero nunca le debemos engañar porque, si descubre el engaño, no confiará más en nosotros y se aislará.

El enfermo desea conocer lo que le pasa, pero desea que se lo expliquemos con su propio lenguaje, con un lenguaje que pueda comprender.

Hemos vivido en un ambiente de paternalismo por parte de los profesionales y de los familiares, en el que ambos preferíamos ocultar al enfermo su situación, pensando que ocultarlo era lo mejor para él. Es muy frecuente que los familiares aborden este problema suponiendo que el enfermo ignora que padece una enfermedad incurable y de mal pronóstico, y que hay que evitar que se entere de ello de cualquier manera.

Para dar las buenas noticias no suele haber dificultades para hacerlo bien. Pero dar las malas noticias es más complicado y precisa de ciertas habilidades de comunicación. Para ello, habría que tener en cuenta algunas consideraciones que nos podrían ayudar a *dar bien las malas noticias.*

Cada profesional debemos comunicar las malas noticias con nuestro propio estilo, ya que no existen fórmulas ni protocolos rígidos para ello. Pero lo que sí hemos de hacer es informar equilibrando la veracidad de la noticia y la delicadeza de cómo transmitirla. Además, hemos de hacerlo en un ambiente adecuado, sin interrupciones, donde el enfermo pueda expresar sus emociones. Hemos de comprobar cuánta información puede tener sobre su enfermedad y trataremos de conocer lo que desea saber y hemos de respetar también el posible deseo de no conocer la verdad.

Aurelio era un enfermo que ingresó en nuestra unidad procedente del hospital de referencia. Sabíamos que padecía una enfermedad oncológica terminal y que era remitido a nuestra Unidad para procurarle atención paliativa. Parecía que él desconocía su situación real. Cuando fuimos a saludarle, en el momento de su ingreso, lo primero que me preguntó fue:

—Doctor, ¿qué tengo?

Sabíamos lo que tenía y cuál era su pronóstico, pero pensamos que no debiéramos iniciar nuestra primera conversación respondiendo a esta pregunta. Abordamos la conversación de la siguiente manera:

—Aurelio, aún no hemos podido ver con detalle tu historial, que nos han entregado cuando has llegado. Pero nos gustaría que tú nos dijeras qué te ha dicho que tienes el médico que te ha enviado a nuestro hospital.

Él nos dijo:

—Me ha dicho que tengo una pequeña úlcera de estómago y que ustedes aquí me la van a curar. Fue entonces cuando nos dimos cuenta de que Aurelio no conocía la verdad de su enfermedad.

A partir de esta *mentira piadosa* con la que le habían informado, tendríamos que trabajar para que pudiéramos contestar poco a poco, de manera gradual, pero sin mentir, a todas las preguntas que nos fuera haciendo. No sería necesario que le dijéramos toda la verdad, pero que lo que le dijéramos sí fuera verdad. Sin duda, le íbamos a responder a todo aquello que quisiera saber sobre su enfermedad, sus cuidados, su evolución y su pronóstico. Él nos indicaría el cuándo y el cuánto sobre lo que desearía que le informáramos. Yo deseo que me digáis la verdad cuando os pregunte para que pueda tomar mis propias decisiones.

Aunque es inevitable establecer pronósticos sobre expectativas de vida, evitaremos que sean demasiado taxativas *(seis meses,* expresión que se emplea con bastante frecuencia como respuesta a la pregunta «¿Cuánto tiempo me queda?»). Pero sí debemos ir informando de cómo progresa la enfermedad e incluso, si el enfermo nos lo solicita, podremos acercarle a la realidad diciendo, por ejemplo, «esto está empeorando», «creo que está llegando el momento», etc.

Siempre debemos dejar una puerta abierta a la esperanza, incluso en las personas que tienen un pronóstico de vida limitado, con expresiones como «vas a poder conocer al nuevo nieto que va a nacer estos días», «vas a poder abrazar a tu hijo, al que no has podido ver hace mucho tiempo», etc.

Cuando comuniquemos una mala noticia, es necesario estar atentos a la reacción psicológica del enfermo. No olvidemos que la relación médico-paciente queda muy reforzada cuando la información ha sido adecuada. Nos mantendremos cercanos al enfermo y le transmitiremos nuestro compromiso de ayuda a él y a sus familiares durante todo el proceso.

Es preciso recordar que también debemos ser igual de delicados al transmitir la información a sus familiares. En ocasiones, la propia familia nos pide que no informemos al enfermo y que participemos con ella en lo que se denomina «conspiración del silencio»[3]; en este caso

---

[3] Conspiración del silencio: Se refiere al acuerdo implícito o explícito, por parte de familiares, amigos, profesionales, de alterar la infor-

hemos de tener presente que nuestra obligación ética y profesional es con el enfermo y no con la familia. No obstante, debemos hacer un esfuerzo de comunicación con los familiares para implicarles en la información que se le dé al enfermo.

Recuerdo que, en una ocasión, cuando junto con alguno de los miembros de mi equipo íbamos a saludar por primera vez a un paciente que acababa de ingresar en nuestra Unidad, las hijas del enfermo nos estaban esperando fuera de la habitación para decirnos que no le dijéramos a su padre la enfermedad que tenía. Nos dijeron que él desconocía la enfermedad grave que padecía porque así lo había decidido la familia. Yo les hice la siguiente pregunta:

—Si vosotras estuvierais en la situación de vuestro padre, con la plena capacidad para entender lo que se le explique, ¿desearíais que no os dijéramos la verdad?

Como un resorte, dijeron las dos:

—En absoluto, nosotros quisiéramos que nos dijeran la verdad, no quisiéramos que nos mintieran.

—Entonces, ¿no deseáis para vuestro padre lo que deseáis para vosotras mismas?

Fue entonces cuando ellas se dieron cuenta de que estaban respondiendo con el sentimiento embargado de pena y no con la razón. Fue entonces cuando les expliqué que confiaran en nosotros, que si su padre nos hiciera alguna pregunta en este sentido, le responde-

_____

mación que se le dé al enfermo con el fin de ocultar el diagnóstico, el pronóstico y la gravedad de la situación.

ríamos según su capacidad de asumir la respuesta y que lo haríamos con delicadeza para que no le causáramos ningún sufrimiento más; les pediríamos a ellas que nos ayudaran en ese proceso de información. A partir de ese momento, entendieron lo que sería mejor para su padre y su colaboración fue decisiva para que él no sufriera por este motivo.

Si conseguimos dar las malas noticias de forma que el enfermo no sea lo único que recuerde, seguramente habremos aprendido a *dar bien las malas noticias*. No tenemos que informar al enfermo de su diagnóstico y su pronóstico exclusivamente porque nos obliga la Ley, sino porque es un compromiso profesional ético y humano del médico.

6

No me juzguéis

Deseo que respetéis mi individualidad y que no me juzguéis por mis decisiones, aunque sean contrarias a las vuestras. En muchas ocasiones, solemos indicar al enfermo cómo debe comportarse, qué ha de hacer o cambiar para que todo vaya bien, pero en la situación de terminalidad hemos de aceptar a la persona por lo que es, alguien único e irrepetible, con un valor en sí mismo. Nunca le hemos de juzgar.

Cuando comencé a escribir este apartado, me planteé la siguiente cuestión sobre el acompañamiento espiritual ante una persona que solicita dicho acompañamiento, pero a la vez desea ayuda para que le adelantemos su muerte, teniendo en cuenta el derecho que le otorga la reciente ley de eutanasia aprobada en nuestro país en marzo de 2021.

¿Cómo debiera ser nuestro acompañamiento espiritual a quienes desean adelantar su muerte? Aunque quien nos solicite acompañamiento espiritual desee adelantar su muerte, y dicho deseo vaya en contra de nuestra creencia, también se merece que estemos junto a él en el difícil trance del final de su vida. A este acompañamiento no hay que ponerle condiciones, hemos de estar junto a él y escucharle.

Cuando el enfermo se encuentra en la situación clínica de terminalidad, no necesita nuestros consejos, necesita nuestra compañía y nuestra escucha. En ningún caso, nuestro acompañamiento tendrá como objetivo hacerle cambiar de opinión. Si cambia de opinión, que sea porque el enfermo lo decide así. Hemos de respetar su individualidad y no juzgarle por sus decisiones, aunque sean contrarias a las de quienes le atendemos.

Tampoco lo debemos abandonar si él desea que continuemos acompañándole. Pero sí debiéramos retirarnos cuando se vaya a llevar a cabo el acto eutanásico, basándonos como creyentes en lo que dice el Magisterio de la Iglesia en el documento *Samaritanus Bonus*[1], que no sería admisible por parte de quienes asisten espiritualmente a estos enfermos ningún gesto exterior que pueda ser interpretado como una aprobación de la acción eutanásica, como por ejemplo estar presentes en el instante de su realización. Esta presencia solo pudiera interpretarse como complicidad.

Nuestro objetivo, cuando vamos a cuidar a un enfermo en fase terminal, lo orientamos a preservar su dignidad mientras se muere y a conseguir una muerte digna, pero tal vez nos tenemos que preguntar ¿qué es

---

[1] Congregación para la Doctrina de la Fe, Carta *Samaritanus Bonus* sobre el cuidado de las personas en las fases críticas y terminales de la vida, V.11, 22 de septiembre de 2020.

dignidad para él? ¿Cómo desea que le cuidemos desde su concepto de dignidad?

En una ocasión, estaba impartiendo una actividad formativa sobre cuidados paliativos y, cuando terminé, se acercó uno de los asistentes y me dijo:

—Doctor, es muy idílico lo que usted nos ha transmitido sobre cómo cuidar a quien sufre para que tenga una vida digna, pero ¿qué es la dignidad? ¿Qué es una vida digna?

No le supe contestar en ese momento porque estaba seguro de que también sería muy teórica mi respuesta. Le prometí reflexionar sobre sus cuestiones y cuando tuviera una respuesta sólida y argumentada se la haría saber. Esto fue lo que motivó mi reflexión, expresada en este libro.

La palabra «dignidad» tal vez se haya convertido en una palabra vacía, como se cuestiona el filósofo Francesc Torralba. Cuando cuidamos a enfermos en fase terminal, nos cuestionamos ¿qué significa vivir con dignidad? y ¿qué significa morir con dignidad?

La Organización Médica Colegial de España (OMC) y la Sociedad Española de Cuidados Paliativos (SECPAL) definió en un documento titulado *Atención Médica al final de la vida: conceptos y definiciones*, publicado en 2015, el concepto de *morir con dignidad*. Lo definía de la siguiente manera:

Supone vivir dignamente hasta el último momento. Ello requiere la consideración del enfermo como ser humano hasta el momento de su muerte, el respeto a sus creencias y valores, así como su participación en la toma de decisiones mediante una relación cercana y sincera con el equipo asistencial. Se asocia el hecho de morir con dignidad a la ausencia de sufrimiento. También hay que tener en cuenta otros factores humanos, como la presencia de los seres queridos y la creación de un entorno amable.

Considero que definir la dignidad de quien está padeciendo una enfermedad terminal sería muy atrevido, salvo que quien la defina sea quien padece dicha enfermedad. Pero tal vez podamos aproximarnos desde la experiencia vivida junto a nuestros enfermos y durante la que hemos ido conociendo, a través de sus propias manifestaciones en su proceso de morir, lo que para él suponía su dignidad durante sus últimos días y lo que supondría para él morir con dignidad. Me gustaría aproximarme a la dignidad de la persona que sufre durante su etapa final de la vida, para una vez comprendida, poderla preservar.

Nuestra actitud y nuestro comportamiento puede reconocer su dignidad para poder mantenerla en situaciones difíciles para él. En ocasiones tenemos que hacer exploraciones incómodas y molestas para el enfermo, si antes de realizarlas le explicamos en qué van a consistir y le pedimos permiso para hacerlas, sin duda alguna el enfermo se dará cuenta de que nos preocupamos, respetamos y cuidamos de su dignidad. El diálogo nos ayudará a conocer al enfermo como persona, conocer sus preocupaciones, sus deseos; si le facilitamos que los pueda compartir con nosotros, esto supondrá reconocer su dignidad y servirá de ayuda para conservarla hasta el final. Si cuidamos nuestras palabras y las acompañamos con nuestra mirada y con nuestra sonrisa, también manifestaremos una actitud compasiva para garantizar su dignidad.

Escuchar al enfermo será esencial para poder conocer cómo percibe su enfermedad, su pronóstico y su final. Hemos de conocer cómo quiere ser cuidado para que su dignidad no se vea deteriorada por nosotros, sus cuidadores. El dueño de su dignidad es él, no nosotros. Él es quien nos la tiene que hacer comprender para que respondamos a sus expectativas de dignidad y que no actuemos teniendo en cuenta solo nuestros criterios de dignidad ante su situación.

En aquellas situaciones en las que el enfermo no ha podido compartir con nosotros su concepto de dignidad y cómo desearía ser cuidado, es cuando podemos hacer un ejercicio reflexivo para poder aproximarnos a los mejores cuidados: ¿cómo me gustaría que me cuidasen a mí?

Buscar el máximo beneficio para el enfermo continúa siendo el motor básico de la práctica médica, pero la voluntad del enfermo debe determinar la dirección correcta y el límite de nuestra atención médica. Los médicos aportamos conocimiento científico, valoración de la situación y la concretamos en una indicación terapéutica. Pero es el enfermo quien aporta su escala de valores, la forma de construir su futuro y su concepto peculiar de salud y de calidad de vida, así como su concepto de dignidad; y esto lo concretará ponderando la indicación médica, para aceptarla o rechazarla. Rechazar una indicación médica conociendo las consecuencias de su rechazo porque ha sido debidamente informado, es un derecho del enfermo y un deber deontológico del médico el respetarlo.

Nuestra responsabilidad como profesionales de la Medicina será la de preservar la dignidad del enfermo durante todo su proceso, para que no se vea obligado a desear la muerte como solución a su proceso indigno de morir. Si a pesar de ello continuara deseando el adelanto de su muerte, nuestra actitud deberá ser de profundo respeto a su deseo. Pero en ningún caso una atención no adecuada e incluso negligente por nuestra parte ante sus necesidades, para preservar su dignidad en el proceso de morir, debiera ser la causa de una petición de adelanto de su muerte.

La dignidad del enfermo es lo que él considera su dignidad, no la que nosotros consideramos que es. Nuestra ayuda debe estar orientada a preservarla no según nuestros criterios sino según los suyos. De esta manera, la profesión médica estará realizando una buena atención sanitaria desde el respeto a la autonomía del enfermo.

7

Comprendedme y ayudadme a afrontar mi muerte

Quisiera comenzar este apartado diciendo que no desearía que me cuidaran algunos profesionales con perfiles perjudiciales para la atención paliativa, como expresó un colega paliativista en un Twitter:

- El *palisaurio*. Es ese profesional que hizo un curso hace un montón de años y, como coincidió en el tiempo con algunos pioneros de los cuidados paliativos, considera que ya hace más que de sobra. Este tipo de profesional es de los que detesta a quienes intentan innovar. Su máxima suele ser «siempre se ha hecho así».
- El *palimpostor*. Es el profesional que dice hacer cuidados paliativos, aunque los contempla como un «mal necesario» y para el que, según él, «tampoco hace falta gran cosa». Se centra exclusivamente en los síntomas físicos y, llegado el momento, «seda con morfina».
- El *paliodiador*. Es el profesional que quizá no lo reconozca abiertamente, pero desprecia profunda-

79

mente lo que para él es la disciplina «de la morfina y las palmaditas en la espalda». Se considera que estudió para «salvar vidas». Es el prototipo del «perro del hortelano», ni hace ni deja hacer.

• El *palinsensible*. No desearía ser cuidado en un centro sanitario donde su gestor solo ve números, resultados y rentabilidad a corto plazo. Por ello, suele considerar la atención paliativa como una actividad poco eficiente, que debe rentabilizarse a base de reducir gastos, preferentemente en personal.

Es el momento de recordar cómo definió la figura del médico mi amigo, ya fallecido y gran paliativista, José Enrique Núñez, en su libro *Junto a ellos:*

> Ser médico es otra cosa, es sentirse cercano al que sufre y poner todo nuestro saber a su disposición [...], poner nuestro empeño en preservar la autonomía del paciente en la toma de decisiones que van encaminadas a su bienestar [...], puerta abierta a una medicina hecha en torno al único protagonista en nuestra tarea: el hombre enfermo [...], volver la cabeza desde la técnica omnipotente, y reencontrarnos con nuestra dimensión de ser humano, único camino para ser definitivamente útiles, eficientes y eficaces como profesionales[1].

---

[1] J. E. NÚÑEZ, *Junto a ellos. Reflexiones de un médico junto al enfermo incurable*, Janssen-Cilag, Madrid 2007, 53 y 56.

No permitáis que me encuentre en la situación del enfermo que describe la Dra. Kübler-Ross en su libro *Sobre la muerte y los moribundos:*

> Puede pedir a gritos descanso, paz y dignidad, pero solo recibe infusiones, transfusiones... Puede querer que una sola persona se detenga un minuto para hacerle una pregunta, pero encontrará una docena de personas pendientes del reloj, todas preocupadas por su ritmo cardiaco, su pulso, sus funciones pulmonares, sus secreciones o excreciones, pero no por él como ser humano[2].

Yo deseo que quienes me cuidéis, seáis además de competentes profesionalmente, personas cercanas a mis necesidades, seáis capaces de conocerlas, de comprenderlas y de satisfacerlas para ayudarme a afrontar mi muerte. Yo me he sentido muy satisfecho de haber podido ayudar a muchas personas a afrontar su propia muerte. Desearía que quienes me atendáis os sintáis de igual manera.

Aunque está cambiando poco a poco, los cuidados paliativos tradicionalmente no han tenido un nivel alto dentro de la educación general y la formación de los profesionales sanitarios. Esto puede explicar por qué los profesionales sanitarios a menudo reconocen que no se sienten bien formados para saber dar las malas

---

[2] E. KÜBLER-ROSS, *Sobre la muerte y los moribundos*, Grijalbo, Barcelona 1993, 23.

noticias, en la evaluación de pronósticos, en la gestión del control de síntomas o en la ayuda a los pacientes en la toma de decisiones difíciles.

Tradicionalmente, la formación académica en Medicina se ha centrado en la curación como objetivo; esto ha provocado que en muchos casos los profesionales careciésemos de herramientas clínicas y personales para enfrentarnos a situaciones en las que no es posible curar al enfermo. Los médicos tal vez hemos de tener en cuenta las palabras del filósofo Francesc Torralba[3]: «Hoy por hoy, sigue habiendo enfermedades incurables, pero no enfermos incuidables». Los profesionales sanitarios hemos de aprender a cuidar al enfermo incurable. La falta de formación en cuidados suele derivar en tres tipos de actitudes que se dan en la realidad, en nuestra profesión, como he descrito en el capítulo 4 (pág. 56).

Isabel es una médico joven que hace muy poco ha terminado su residencia de Oncología y ya es adjunta en el Servicio de Oncología de un hospital importante. Ha ingresado en su servicio un paciente con un proceso oncológico muy avanzado, sin alternativa alguna de tratamiento curativo y que tan solo le podría ayudar con cuidados paliativos. Cuando valora al enfermo, considera que se encuentra ante una situación compleja y decide evitarla y dejar a la persona enferma y a su familia a la libre evolución de su proceso, entendiendo además que los cuidados paliativos solo deben ser apli-

---

[3] Francesc Torralba (Barcelona, 1967). Filósofo y teólogo.

cados en la fase agónica. La joven doctora desconocía que los cuidados paliativos se pueden ofrecer desde el primer momento del diagnóstico de la fatal enfermedad y que podrán simultanearse junto a los tratamientos curativos y a medida que estos tratamientos resultan ineficaces, se intensifican los cuidados paliativos.

En ningún caso hay que esperar a la fase agónica para aplicar la medicina paliativa. Su falta de formación en cuidados paliativos le llevó a abandonar al enfermo y a su familia ante el sufrimiento que le provocaba la enfermedad oncológica avanzada que padecía.

Otra actitud derivada de la falta de formación es la que se evidencia por parte de Roberto, un médico especialista muy prestigioso y con bastantes años de experiencia asistencial, pero que no tenía formación en cuidados paliativos, y al que le es solicitada la atención a un enfermo con una enfermedad respiratoria avanzada y que no respondía a ningún tratamiento. El enfermo tenía mucho miedo a ahogarse por falta de aire, tenía miedo a morirse; además no quería ingresar en el hospital para no estar lejos de su familia y de sus seres queridos. Roberto consideró que estaba ante una situación nimia y de escasa complejidad y que podía ser fácilmente manejada por él con unos mínimos conocimientos técnicos y la atención de los síntomas físicos. Esta autosuficiencia del médico le llevó a no tener en cuenta otras necesidades de su enfermo, para lo que también debiera haber estado formado, como era la ayuda ante el miedo a morir y sus habilidades para tomar decisiones junto al enfermo ante su negación a ingresar en el hospital.

Juan es un médico internista que destacaba por sus éxitos diagnósticos. En este caso se encontró con una enferma de edad avanzada en la fase terminal de su demencia y una familia que deseaba llevarla a su domicilio para que falleciera en paz junto a ellos. Sin embargo, el médico, ante el miedo y las reticencias a aceptar la situación de terminalidad de su paciente, emprendió actitudes más intervencionistas para hidratarla y nutrirla, evitando la comunicación y los encuentros incómodos con la familia de la enferma.

Estas tres actitudes, de abandono, autosuficiencia y miedo, pueden provocar y provocan, de hecho, que la persona al final de la vida y su familia sufran la falta de atención integral del proceso de morir, la falta de apoyo domiciliario y la escasez de cuidados continuados. Sin embargo, hay evidencia alentadora de que estas actitudes pueden evitarse con los conocimientos y las habilidades adquiridas durante la formación académica.

Nuestro Hospital San Juan de Dios de Santurce hizo una alianza con la Facultad de Medicina de la Universidad del País Vasco en 2011 y con la Unidad Docente de Médicos de Familia para poder compartir nuestra experiencia en Cuidados Paliativos con los alumnos de Grado de Medicina, con los alumnos del Posgrado de Medicina en Atención Integral en Cuidados Paliativos y con los Médicos Residentes de Familia (R4).

La finalidad de las prácticas en nuestra Unidad era el acercamiento a la realidad asistencial de las personas que padecen enfermedades incurables avanzadas y en fase terminal, así como a sus familias, tanto en situación de ingreso hospitalario como en atención domiciliaria. Después de rotar en nuestra Unidad durante un mes, el valor añadido de su formación en cuidados paliativos me lo expresaban, como tutor de sus rotaciones, con estas palabras en sus correos electrónicos:

He vuelto a constatar la importancia de la presencia sin prisas, sin más metas en principio que escuchar, dejando expresarse a los pacientes y así nos cuentan sus vivencias, sus miedos, sus deseos...

Me ha llamado la atención la tranquilidad que transmitían a todos. No había tiempos, solo el que necesitaba el enfermo y su familia.

Me ha llamado la atención el cariño. Me ha encantado ver a todo el personal y a los voluntarios tratando con absoluta delicadeza a los pacientes.

En la visita de la planta destaco la labor del equipo asistencial que los acompañan cada día, la apuesta por el amor, la compasión, la valentía de un gesto de ternura hacia esos cuerpos deteriorados, mostrándonos la alegría de vivir, no la enfermedad.

Sin duda, creo que el contacto con el sufrimiento y la muerte nos enseña a vivir de una manera más consciente e intensa.

Nunca hubiera pensado que un lugar con este tipo de pacientes pudiera ser un lugar en el que hubiera tanta vida y donde se descubre la humanidad de cada uno llegando al corazón del ser humano.

Cuando os he acompañado a los domicilios de los enfermos, he vivido las distintas tareas que se han llevado a cabo para cubrir las necesidades físicas, emocionales, sociales y espirituales de los pacientes y sus familias. He comprendido lo importante que es la atención integral.

He podido comprobar que, si se tiene el tiempo suficiente desde el diagnóstico de una enfermedad fatal, hasta que llegue la muerte, uno llega a asumir su destino con más tranquilidad de la que nos podemos imaginar. A mí, personalmente, eso me da muchísima tranquilidad, el saber que si tienes tiempo, asumes tu destino y no mueres con rabia.

Es curioso que entre el colectivo médico se dé tantísimo valor al conocimiento científico (que lo tiene y por supuesto que es fundamental) y se trabaje tan poco en cómo tratar al paciente de una forma integral, transmitir la información correctamente... cuando es para ellos para los que trabajamos. Es a ellos a quienes nos debemos.

Estoy totalmente convencido de que la formación en cuidados paliativos es necesaria para cuidar mejor. Pero a la vez hay que tener carisma para ello, como dice el hermano de la Orden Hospitalaria de San Juan de Dios, José Sánchez, en su libro *Luces y contenidos teológicos en el movimiento de cuidados paliativos*[4].

Los profesionales que cuidan enfermos suelen tener un alto nivel humano, que se acompaña de su generosísimo interés y de su calurosa preocupación por una medicina de servicio. Estos profesionales forman lo que podríamos llamar un movimiento en insurrección humanista a favor de la mejora asistencial de un enfermo que en muchas ocasiones es olvidado, como es el enfermo en fase terminal. Yo deseo que me cuiden profesionales que estén bien formados en medicina paliativa, pero que además sean carismáticos.

---

[4] J. Sánchez Martínez, *Luces y contenidos teológicos en el movimiento de cuidados paliativos*, Archivo-Museo San Juan de Dios «Casa de los Pisa», Granada 2004, 18-19.

8

Cuidadme como os gustaría que os cuidaran

Durante mi actividad asistencial como médico siempre procuraba prestarle al enfermo la atención que hubiera deseado para mí, salvo que él deseara que lo hiciera de otra manera. Creo que cuidar de esta manera, sobre todo al final de la vida, sería coherente con nuestra filosofía de cuidar. Deseo que lo hagáis así.

Creo que estas palabras que dijo Thomas Sydenham[1]: «Nadie ha sido tratado por mí de manera distinta a como yo quisiera ser tratado si me enfermara del mismo mal», deberían ser el resumen de la buena práctica de un médico. Si las tuviéramos en cuenta en nuestra actividad asistencial cada día, nuestros enfermos, sin duda, estarían bien atendidos y nosotros muy satisfechos de haberlo hecho como nos gustaría que nos lo hicieran a nosotros si estuviéramos en su misma situación.

---

[1] Thomas Sydenham, médico inglés (1624-1689). Estudió en Oxford. Ejerció su oficio de médico en Londres. Fue muy apreciado como el representante más destacado de la medicina inglesa, siendo apodado el *Hipócrates inglés*. Su trabajo se caracterizó por estar siempre en estrecho contacto con el paciente.

Cuando acudo a comprar a una tienda, o a realizar algún trámite burocrático a una institución pública (ayuntamiento, diputación, etc.), o a acompañar a un familiar a un centro médico, observo con no poca frecuencia que el trato de quienes nos atienden no es adecuado. Es entonces cuando me hago la siguiente reflexión: ¿Les gustaría a ellos que les trataran de esa manera? La respuesta estoy seguro de que sería que no. Pues bien, cuando nos encontramos en situación vulnerable, como es cuando estamos enfermos, somos más sensibles a tratos inadecuados, carentes de empatía y faltos de actitud compasiva.

Una mañana, cuando realizaba el pase de visita a los enfermos en el hospital, observé que dos auxiliares de enfermería estaban aseando a un paciente que se encontraba en coma. Su aseo era exquisito, pero mientras estaban realizándolo, ellas intercambiaban entre sí sus vivencias del fin de semana libre. Esto no me pareció nada adecuado. Cuando acabaron el aseo y dejaron al enfermo bien acomodado y aseado en su cama, llamé a las dos auxiliares a mi despacho. En primer lugar, las felicité por el confort físico que le habían dado al enfermo con su aseo. Seguidamente, les pregunté:

—¿Si cualquiera de vosotras fuera el enfermo, hubierais deseado que quienes os estuvieran aseando hablaran entre sí de lo bien que se lo habían pasado el fin de semana?

Con las caras que pusieron, comprendí sus respuestas; no estaban satisfechas de cómo lo habían hecho. Aproveché ese momento para decir que el enfermo, aunque se encuentre en coma, es una persona que se merece nuestro respeto; y que la actitud correcta hubiera sido que su conversación se dirigiera al enfermo para explicarle, mientras le aseaban, que lo hacían para que se encontrara cómodo y bien cuidado. Terminé diciéndoles:

—Si algún día soy yo quien se encuentra en la misma situación que ese enfermo, desearía que me cuidarais con vuestro aseo como os gustaría que os cuidaran a vosotras.

Podríamos ir repasando una a una nuestras actividades profesionales en los cuidados a los enfermos y preguntarnos: ¿Lo hacemos como desearíamos que nos lo hicieran a nosotros en su misma situación? Si la respuesta es sí, será un gran indicador de la calidad asistencial de nuestros cuidados.

Es evidente que una persona sola sería incapaz de abordar los cuidados que requieren los enfermos moribundos. Estos cuidados deben ser realizados por un equipo interdisciplinar en el que varios profesionales, cada uno desde su competencia, trabajan con un objetivo común: el bienestar del enfermo[2]. Mientras pueda estar en mi domicilio no dudo que me cuidarán mis seres queridos con todo su amor, que será mi mejor medicina en ese momento. Pero si mi situación empeorara, desearía ingresar en una Unidad de cuidados paliativos para que mi familia pudiera estar junto a mí

---

[2] J. BÁTIZ, *Cuidar a las personas en el proceso de morir*, Fundación San Juan de Dios, Madrid 2019, 38.

cuando pudiera, pero sin la carga de responsabilidad de los cuidados que en esa situación necesitaría.

En esos momentos voy a necesitar al personal de enfermería para que me curen, me aseen, para que cambien las sábanas y así mi estancia en la cama sea menos molesta, para que me administren la medicación que necesitaré para aliviar los síntomas molestos; al personal de limpieza que va procurar que mi habitación, donde pasaré mis últimos días, esté confortable; al psicólogo que tratará de ayudarme a que con mis propios recursos pueda resolver mis cuestiones aún pendientes y a asumir mi enfermedad, y además ayudará a mi familia; a la trabajadora social que nos ayudará, a mi familia y a mí, a poner en orden algunas gestiones burocráticas y a gestionar algunos recursos sociosanitarios que pudiera necesitar; al sacerdote y a su equipo de pastoral para que puedan ayudarme a satisfacer mis necesidades espirituales y religiosas, así como para reconfortarme en este momento tan trascendental para mí; al médico, por supuesto, para que lidere a este equipo de personas para que me ofrezcan lo que necesite desde cada una de sus competencias profesionales, pero acompañadas de sus cualidades humanas.

No quiero olvidarme de nadie que pueda intervenir en mis cuidados, como son los celadores, que también tendrán trabajo conmigo, y los administrativos, para que nos lo pongan fácil a mí y a mi familia con los trámites burocráticos, etc. También agradeceré la compañía de los voluntarios que podrán aliviar aquellos momentos en los que pudiera encontrarme solo y no deseara estarlo.

¡Qué importantes sois todos vosotros para que el enfermo se sienta bien cuidado! Yo lo he aprendido estando tantos años liderando el gran Equipo de Cuidados Paliativos del Hospital San Juan de Dios de Santurce.

¡Cuidadme así!

9

No adelantéis intencionadamente mi muerte

No tengo miedo a la muerte, tengo miedo a sufrir. Aunque no quiera morirme, ya sé que no va a ser posible, pero sí puede ser posible no sufrir. Por ello no deseo que adelantéis intencionadamente mi muerte, pero tampoco deseo que prolonguéis mi agonía con tratamientos inútiles en una situación clínica de terminalidad; que seáis capaces de no iniciar o de retirar tratamientos desproporcionados. Pero que sí seáis enérgicos y resolutivos en controlar aquellos síntomas que me provoquen sufrimiento; y si no lo conseguís de esta manera, utilizad la sedación paliativa para que no sufra mientras llegue mi muerte.

Para aliviar mi sufrimiento mientras llegue mi muerte, os pido que controléis con los tratamientos disponibles cualquiera de los síntomas que me provoquen sufrimiento. Si para ello es preciso que aumentéis la dosis para aliviar mi dolor, no tengáis miedo si por ello se adelantara no intencionadamente mi muerte. Fue el papa Pío XII en 1957, en un discurso al IX Congreso Internacional de la Sociedad Italiana de Anestesiología, quien afirmó que es lícito recurrir a los analgésicos para el tratamiento del dolor en los enfermos graves o en situación terminal, aunque de ello se pudiera derivar un posible acortamiento de la vida del enfermo[1].

Cuando os diga que tengo dolor, aliviádmelo, por favor. Los enfermos tienen derecho a que su dolor sea aliviado y el médico tiene el deber de aliviárselo. No consideréis el alivio del dolor como una cuestión opcional, sino como un imperativo ético. No se debería permitir que alguien sufriera dolor por ignorar cómo tratarlo, por temor a aliviarlo con las dosis suficientes o por creencias erróneas. Hemos de tener en cuenta, los médicos que estamos involucrados en el manejo del dolor, que debemos considerar que el inadecuado tratamiento del mismo, cuando disponemos del conocimiento y los medios para ello, no es solo una falta ética sino también una negligencia.

Para satisfacer el derecho que tiene el enfermo a recibir tratamiento contra el dolor que padece, es preciso tener presente que, si el enfermo dice que le duele, es que le duele; hemos de evitar creer que el dolor propio es insufrible y el ajeno, siempre exagerado; además tendremos que identificar el tipo de dolor que padece para tratarlo adecuadamente; una condición ética imprescindible es estudiar y aprender lo máximo posible con aquello con lo que se trabaja, por lo que debemos conocer bien los fármacos que usemos en el manejo del dolor.

---

[1] CONFERENCIA EPISCOPAL ESPAÑOLA, *Sembradores de esperanza. Acoger, proteger y acompañar en la etapa final de esta vida*, Madrid 2019, 34.

También tendremos en cuenta que debemos emplear el tratamiento adecuado para el dolor concreto que padece el enfermo; no olvidemos que quien nos va a indicar la eficacia de la analgesia será el propio enfermo cuando diga: «Doctor, ya no tengo dolor».

Quien trate mi dolor debe pensar en mi beneficio, ofreciéndome la mejor analgesia posible con los medios más eficaces y de menos riesgos. Y que tenga en cuenta lo que dijo Gregorio Marañón[2]: «Un dolor curado justifica toda la vida de un médico»[3].

Si me aliviáis el dolor, me estaréis ayudando a no sufrir. Pero también deseo pediros que adecuéis vuestro esfuerzo diagnóstico y terapéutico conmigo. Si tengo un mal pronóstico vital o de supervivencia o se prevé una mala calidad de vida, replantearos cómo hacerlo para evitar la obstinación diagnóstica y terapéutica conmigo. Que sea mi diagnóstico y la propia evolución en el tiempo los que vayan marcando un pronóstico que os permita saber en qué momento debéis iniciar la adecuación del esfuerzo terapéutico. Tened en cuenta que un acto médico puede ser útil en determinadas ocasiones, pero inútil en muchas otras.

No olvidéis que un procedimiento, tanto diagnóstico como terapéutico, puede ser inapropiado en las siguientes circunstancias: *si es innecesario*, es decir, cuando el

---

[2] Gregorio Marañón (Madrid, 1887-1960). Médico internista, científico, historiador, escritor y pensador.

[3] G. MARAÑÓN, *Obras completas*, Espasa-Calpe, Madrid 1968, Vol. 1, pág. 372.

objetivo deseado se puede obtener con medios más sencillos (no me pongáis la medicación por vía intravenosa si aún puedo tragarla); *si es inútil* porque el enfermo está en una situación demasiado avanzada para responder al tratamiento (no me pongáis una transfusión sanguínea si estoy ya en una fase agónica); *si es inseguro* porque sus complicaciones sobrepasan el posible beneficio (no me apliquéis ningún tratamiento que por sus complicaciones me haga sufrir más que la propia enfermedad); *si es inclemente* porque la calidad de vida ofrecida no es lo suficientemente buena para justificar la intervención (tampoco iniciéis o mantengáis ningún tratamiento que no mejore mi calidad de vida); y *si es insensato* porque consume recursos de otras actividades que podrían ser más beneficiosas (no malgastéis conmigo tratamientos que para mí ya no son útiles y sí lo serían para otros).

Os recuerdo que no tenéis la obligación de continuar un tratamiento cuando este se ha comprobado que es ineficaz. Aunque muchas veces, solo después de iniciarlo se comprueba su ineficacia. Es entonces, cuando se contempla la posibilidad de detener el mecanismo de la maquinaria biomédica, una vez que se ha puesto en marcha y se entiende que no es beneficiosa para el enfermo.

Deseo dejar claro que adecuar el esfuerzo terapéutico no es ninguna forma de eutanasia, sino una buena práctica médica, aunque sabemos que es más fácil poner que quitar. Es verdad que los avances técnicos de la Medicina ponen a nuestra disposición muchas posibilidades que no debemos emplear de manera arbitraria, sino valorando cuidadosamente si van a beneficiar o no al enfermo.

Los médicos estamos entrenados para curar y nos suele resultar difícil aceptar que la Medicina tiene un límite. Quienes me atendáis al final de la vida no olvidéis que tan importante como luchar por curarme será ahora saber parar cuando tengáis claro que es imposible curarme.

Si a pesar de haber empleado los tratamientos adecuados para controlar los síntomas que me provocaban sufrimiento y de haber adecuado vuestro esfuerzo terapéutico para ayudarme a no sufrir, comprobáis que sigo sufriendo, emplead la sedación paliativa para disminuir mi consciencia con la dosis mínima necesaria de fármacos para evitar que perciba el síntoma refractario[4]. Pero no la empleéis para buscar deliberadamente mi muerte anticipada con la administración de fármacos a dosis letales para terminar con mi sufrimiento. Deseo que eliminéis mi sufrimiento, no que me eliminéis a mí.

La sedación paliativa se ha de considerar hoy como un tratamiento adecuado para aquellos enfermos que padecen sufrimientos intolerables y que no han respondido a las intervenciones paliativas, incluidas las más enérgicas, con las que se ha intentado aliviarlos. Este tipo de sedación, en sí misma, no es buena ni mala; lo

---

[4] Síntoma refractario: Es el síntoma que no puede ser adecuadamente controlado con los tratamientos disponibles, aplicados por médicos expertos, en un plazo de tiempo razonable.

que puede hacerla éticamente aceptable o reprobable es el fin que busca y las circunstancias en que se aplica. Tened en cuenta que, si me sedáis con los criterios éticos y clínicos adecuados, estaréis evitando que sufra mientras me muero y garantizándome una muerte serena; estaréis realizando una buena práctica médica.

Aliviar el sufrimiento de la persona no debiera consistir en eliminar a quien sufre. No tengáis la tentación de la eutanasia como solución precipitada cuando alguien solicita vuestra ayuda para morir. Tal vez la veáis como una solución ante vuestra angustia porque deseáis terminar con el sufrimiento del enfermo, ya que lo consideráis intolerable y creéis que no tenéis más que ofrecerle. Si consideráis que vuestra ciencia médica necesita de la eutanasia para eliminar el sufrimiento de las personas, no lo dudéis, formaros en cuidados paliativos. Ayudar a adelantar la muerte a quien sufre no es hacerse cargo del sufriente, sino eliminar su vida para eliminar su sufrimiento.

10
Cuidad a mi familia para aliviar su pena

El entorno familiar, así como los seres queridos de quien está enfermo, es parte fundamental en su última etapa de la vida. Su apoyo le ayuda a soportar mejor el último trance. En ocasiones, quien se está muriendo sufre por quienes se quedan, no quiere hacerles sufrir. De todo ello, los enfermos me enseñaron lo importante que era que cuidásemos de su familia una vez que ellos murieran. Por eso deseo compartir este último deseo.

La mejor manera de prevenir la pena de mis seres queridos es que hayan comprobado que he sido cuidado según mis deseos expresados en los puntos anteriores y que he fallecido con la dignidad que siempre he expresado durante mi vida y que ellos también compartían. Después de mi muerte, deseo que los profesionales que me atendisteis, continuéis preocupándoos de ellos y prestándoles la ayuda que necesiten. Saber que esto será así también me ayudará a morir en paz.

La muerte de un ser querido es tal vez la experiencia más desgarradora en la vida de la mayoría de las personas. Así lo he vivido yo cuando he perdido a mis seres queridos (mi padre, mi madre...). Esta pérdida de los seres que nos rodean, y a quienes queremos, desencadena inevitablemente una reacción de dolor, de ausencia, que provoca en nuestro cuerpo y en nuestra mente un conjunto de fenómenos de adaptación.

A esto es lo que llamamos duelo, un mecanismo natural por el que encauzamos el sufrimiento que sentimos; además, un mecanismo necesario para que nos podamos adaptar a la pérdida que hemos sufrido. Durante este proceso, podemos asimilar los sentimientos negativos que han sido ocasionados por esa experiencia traumática de muerte de un ser querido, pudiendo llegar a cubrir el vacío dejado por su ausencia.

El duelo es un proceso de cambio, ya que con la muerte termina una vida, pero no una relación; es una relación que se modifica: pasa de ser una relación de presencia a una relación de ausencia, ya que la desaparición de alguien a quien amamos no nos obliga al olvido. Como diría el psicólogo colombiano Paulo Daniel Acero[1], «el proceso de duelo no es un proceso de olvido, sino de aprender a recordar sin dolor».

Cuando tengan que atender a mis seres queridos que en ese momento aún sean niños, tengan en cuenta algunos aspectos importantes de cómo viven los niños

---

[1] Paulo Daniel Acero. Es especialista en manejo del duelo y pertenece al Colegio Colombiano de Psicólogos. Es investigador sobre el duelo, el trauma, la resiliencia y el crecimiento postraumático. Escritor, Director Científico de la Unidad de Manejo de duelo, Los Olivos (Bogotá).

la pérdida de un ser querido para que se puedan adaptar a ellos. Los niños son sensibles a la reacción y al llanto de los adultos, se dan cuenta de que algo pasa. Por eso, nuestra actitud hacia ellos no debe ser la de apartarles de la realidad que están viviendo. Aunque resulte muy doloroso y difícil, es mejor informarles de lo sucedido lo antes posible, buscando el momento y el lugar más adecuado. Les debemos explicar lo ocurrido con palabras sencillas y sinceras. Sea como sea, la muerte no sirve de nada que la ocultemos, porque tarde o temprano acabarán enterándose por alguien ajeno a la familia.

Cuando mis hijos aún eran pequeños, el hermano de una amiga de una de mis hijas se suicidó. Ella se había enterado en el colegio, no por sus padres, de cómo había sido la muerte de su hermano; durante muchos años esta niña vivió atormentada por la muerte de su hermano. Es mejor explicar cómo fue y responder a sus preguntas, pero ¡nunca les debemos mentir! Hay que animarlos a que expresen lo que sientan porque los niños viven emociones intensas cuando pierden a una persona querida. Si su familia acepta estos sentimientos, los expresarán más fácilmente y esto les ayudará a vivir de manera más adecuada la pérdida.

Si a quienes tienen que atender son ancianos, han de tener en cuenta que estos son un grupo de población frágil. Una persona anciana también vive el duelo; no por ser mayor no lo vive. Cuando han perdido a su pareja, probablemente lleven una serie de duelos vividos y esto les facilite entender cuál será su proceso. Tal vez perciban un mayor sentimiento de soledad debido a la pérdida paulatina de familiares y amigos. Por eso deberán ofrecerles su compañía, con la que ayudarán a aliviar su pena.

Estén atentos a que el duelo de mis seres queridos no se convierta en un duelo enfermizo. El duelo es un proceso con un principio y con un final; cuando ese final tarda mucho en llegar, se hace enfermizo, es a lo que llamamos *duelo patológico*. Si observan que, pasado un tiempo, casi todos los días o de manera muy intensa y prolongada piensan tanto en mí que incluso es difícil para ellos hacer las tareas que habitualmente realizaban; si recuerdan mi ausencia con una enorme y profunda tristeza pensando en que volveré; si me buscan por todas partes y casi a todas horas; si se sienten culpables por estar vivos o creen que es injusto seguir viviendo, estando yo muerto. Si todo esto ocurre a diario, e incluso varias veces al día, o están haciendo que sus relaciones familiares, sociales y laborales se deterioren, se puede afirmar que mi pérdida se está convirtiendo en un duelo patológico para ellos, y precisan ayuda.

El duelo prepara para vivir sin la presencia física de la persona querida y mantiene el vínculo afectivo de forma que sea compatible con la realidad presente. Cuando se haya conseguido todo esto, el recuerdo habrá dejado de ser doloroso. Como dice el escritor argentino René Trossero[2], «cuando hayamos terminado de aceptar que

---

[2] René Trossero. Escritor y educador argentino.

nuestros muertos murieron, dejaremos de llorarlos. Y los recuperaremos en el recuerdo para que nos sigan acompañando con la alegría de todo lo vivido».

El monje benedictino y escritor argentino, Mamerto Menapace[3], escribió una frase que tal vez pueda aliviar la pena de mis seres queridos cuando yo ya no esté: «El que muere no puede llevarse nada de lo que consiguió, pero se lleva, con seguridad, todo lo que dio».

¿Cómo podemos ayudar a la familia para prevenir un duelo patológico? La familia podrá sobrellevar mejor la pérdida de su ser querido cuando ha comprobado que ha fallecido en paz, sin dolor ni sufrimiento alguno. Esta será la mejor medida preventiva que podemos ofrecer a la familia, porque si la familia vive un proceso de morir tormentoso de su ser querido por el dolor y el sufrimiento, que no le han sido aliviados, será una familia que viva un duelo patológico. Evitarlo estará en nuestras manos.

En los primeros años de trabajo en nuestra Unidad de cuidados paliativos comprobamos situaciones como esta: Matilde llevaba días y días sin separarse de su padre en la habitación del hospital; no quería dejarle solo en ningún momento. Pasaron varios días y sus hermanos le insistían para que se fuera a su casa a descansar un poco para poder seguir cuidando a su padre; ella se resistía, pero al final accedió y se fue a su casa a descansar.

---

[3] Mamerto Menapace (Argentina, 1942). Monje benedictino y escritor.

Cuando llevaba unas horas descansando, uno de sus hermanos la llamó para comunicarle que el padre había fallecido. Matilde no podía contener la rabia, el dolor por no haber estado en ese momento junto a él. Esto le hizo sufrir mucho durante varios meses, recordando que después de no haberse separado de su padre ni un momento, cuando se marchó, su padre falleció. Le costó mucho perdonarse a sí misma por no haber estado en ese momento con él.

El psicólogo de nuestro equipo que la acompañó durante el duelo nos transmitió al resto del equipo, que, ante esta situación, que no era aislada sino bastante frecuente, algo teníamos que hacer para prevenir este tipo de duelo. Se le ocurrió que, cuando viéramos que se aproximaba el final, aconsejáramos a los familiares que siempre que le tuvieran que abandonar por cualquier razón, aunque fuera para tomar un café, se despidieran de él como si fuera la última vez, que al menos así lo sintieran *por dentro* al darle un beso o hacerle una caricia. De esta manera, si fallecía durante su ausencia, podrían tener el consuelo de que ya se habían despedido. Pero cuando esto lo comenzamos a poner en práctica, no en todos los casos resultaba como habíamos pensado. Algunos familiares nos decían: «Sí, me he despedido, pero se ha muerto cuando yo no estaba».

Era entonces cuando el psicólogo nos dio otro recurso para ayudar a quien sufría de esta manera. En este caso le diríamos: «Él sabía que si se moría en tu presencia sufrirías mucho, por eso ha preferido morirse cuando tú no estabas». Comprobamos que esto suavizaba un poco su rabia. A partir de esta experiencia, comenzamos a emplear esta estrategia preventiva de un duelo más penoso.

Otra manera de prevenir un duelo doloroso lo constatamos cuando los familiares comprueban que su ser querido ha muerto con dignidad. Esto lo comprobamos en los familiares-cuidadores de enfermos de Alzheimer. No hay que olvidar que esta enfermedad también tiene un final; un final en el que aún hay mucho que hacer por el enfermo y por su familia. Pero, además, como todo enfermo en fase terminal, el paciente tiene el derecho a morir en paz y con dignidad. Esta enfermedad tiene dos protagonistas por excelencia: el paciente y su familia. Durante las distintas etapas de la dolencia, los cuidados que presta la familia no pueden finalizar con una muerte indigna para el propio paciente ni para sus cuidadores.

La Asamblea Parlamentaria del Consejo de Europa, en su recomendación 1418 adoptada el 25 de junio de 1999, nos recuerda que la obligación de respetar y proteger la dignidad de estas personas deriva de la inviolabilidad de la dignidad humana en todas las etapas de la vida. El respeto y la protección encuentran su expresión en el hecho de proporcionar un medio adecuado que permita al ser humano morir con dignidad. El concepto de morir con dignidad implica morir sintiéndose persona, morir humanamente, morir rodeado del apoyo y del cariño de los seres queridos, eliminando en lo posible el dolor y el sufrimiento, sin manipulaciones médicas innecesarias, aceptando la muerte con serenidad, con la asistencia sanitaria precisa y con el apoyo espiritual si se desea. Morir en casa es sinónimo de morir bien, serenamente, con naturalidad, rodeado del bienestar que nos ha facilitado la vida y la gente con la que la hemos compartido.

Muerte digna es mucho más que un estilo particular de muerte, es un concepto amplio, una filosofía de morir basada en el respeto por la dignidad del ser humano hasta su hora final. En la categoría de muerte digna se pueden incluir los cuidados paliativos. Estos cuidados, como ejercicio profesional en la fase final de esta enfermedad, no pretenden *dejar de hacer*, sino que intentan modificar la forma en que acontece el proceso de morir, favoreciendo que este proceso se produzca sin sufrimiento.

Para cuidar bien al final de la vida a estos enfermos es preciso que tengamos en cuenta que el paciente tiene derecho a ser aliviado de su dolor, aunque de ello se derive, como efecto secundario, el entorpecimiento o la menor lucidez e incluso una aceleración de la muerte no pretendida directamente. También tiene derecho a no sufrir ningún otro síntoma. La nutrición ahora ya no tiene sentido. En la agonía, la ayuda que necesita es que alguien le humedezca los labios y le escurra unas gotas de agua entre ellos. Mantener la medicación, que no tiene utilidad en esta etapa de la enfermedad y que no está orientada al control de síntomas molestos, tampoco tiene sentido.

Desde la filosofía de los cuidados paliativos se defiende la consideración de la dignidad del enfermo en situación terminal como un valor independiente del deterioro de su calidad de vida. Cuando en términos coloquiales se habla de unas condiciones de vida indignas, las que son indignas son las condiciones o los comportamientos de quienes las consienten, pero no la vida del paciente. Es en esta corriente de pensamiento solidario, poniendo la ciencia médica al servicio de los enfermos que ya no tienen curación, donde echa sus raíces y se desarrolla la tradición filosófica de los cuidados paliativos. En otras palabras, se trata de dar la atención técnica y humana que necesitan los enfermos en situación terminal, con la mejor calidad posible y buscando la excelencia profesional, precisamente porque tienen dignidad.

Morir con dignidad, como dice García-Sabell[4], significa sencillamente irse de esta vida no en la soledad aséptica del hospital, intubado, inyectado, perfundido y sumergido en un laberinto de fríos aparatos, sino en el hogar, entre los seres queridos, entregado al afecto, al mimo sosegador de la familia, de los amigos.

---

[4] Domingo García-Sabell (Santiago de Compostela, 1909), médico y ensayista. Autor del libro *Paseo alrededor de la muerte*.

Epílogo

No quisiera dar la impresión de que este será el último libro que escriba. Espero seguir escribiendo alguno más para compartir todo lo que aprendí durante mi ejercicio profesional y lo que me enseñaron mis enfermos, sus familias, así como los miembros del equipo multidisciplinar que tuve el honor de liderar en la Unidad de Cuidados Paliativos del Hospital San Juan de Dios de Santurce (Vizcaya).

Para finalizar el libro, quiero recordarles de manera resumida cómo deseo que me cuiden cuando llegue mi momento:

- Deseo que respeten mi dignidad como persona.
- Deseo que respeten mi derecho a estar informado con la verdad de lo que me ocurre y me ocurrirá.
- Deseo que me acompañen en mi soledad.
- Deseo que demuestren competencia e interés en cuidarme.
- Deseo poder expresar mis sentimientos y emociones ante la proximidad de mi muerte.

- Deseo que no me juzguen.
- Deseo que me escuchen y respeten mis decisiones.
- Deseo que acompañen también a mi familia durante mi enfermedad y después de mi muerte.
- Deseo que respeten mis valores y mis creencias.
- Deseo que quien me cuide lo haga como le gustaría que le cuidaran.
- Deseo que no prolonguen innecesariamente mi agonía y que no permitan mi sufrimiento, que lo alivien si es preciso con la sedación paliativa, pero que no adelanten mi muerte intencionadamente.
- Deseo que me cuide una mano amiga que no se empeñe en retenerme y evitar que me vaya cuando llegue mi momento, pero que tampoco tenga la tentación de empujarme para que me vaya antes de tiempo. La mano amiga que necesito es la que esté junto a mí para ayudarme en todo lo que necesite para aliviar mi sufrimiento mientras me muero.

Si me cuidan así, estoy seguro de que tendré una buena muerte.

Lecturas recomendadas

En este último apartado, deseo recomendar algunas lecturas que considero de relevantes para aquellos lectores que deseen conocer algo más sobre los temas que he abordado en este libro. Me he permitido acompañarlas de un breve comentario para despertar el interés sobre cada una de las lecturas recomendadas.

Algunas publicaciones del autor

• Jacinto Bátiz, *Aspectos éticos de la analgesia en cuidados paliativos,* Revista Mexicana de Algología, Vol. 6, Núm. 1, págs. 8-16, México 2009.
En este artículo abordo los aspectos desde la bioética que debe tener en cuenta el profesional sanitario a la hora de tratar el dolor, sobre todo en la fase final de la vida. Aspectos tan importantes como que el tratamiento del dolor no es una cuestión opcional, sino un imperativo ético del médico. Es un derecho del enfermo que le traten el dolor de manera eficaz y un deber del médico tratarlo.

- JACINTO BÁTIZ, *Adecuación del esfuerzo diagnóstico y terapéutico en cuidados paliativos*, Gaceta Médica de Bilbao 2014; 111(3): 57-62.
  En este artículo abordo uno de los fundamentos de los cuidados paliativos, que es realizar aquellas acciones tanto diagnósticas como terapéuticas que estén acordes con la situación en la que se encuentre el paciente en ese momento. Adecuar el esfuerzo es no utilizar o cancelar algún tipo de medidas diagnósticas o terapéuticas cuando se percibe una desproporción entre los fines y los medios, con el objetivo de no caer en la obstinación diagnóstica o terapéutica.
- J. BÁTIZ-I. BECERRA-Í. SANTISTEBAN-J. GÓMEZ, *Mi vida al final de su vida. Cómo cuidar a un enfermo al final de su vida*, Hospital San Juan de Dios de Santurce, Vizcaya 2015[2].
  Este libro fue escrito desde la Unidad de Cuidados Paliativos del Hospital San Juan de Dios de Santurce recogiendo la experiencia de las personas que en ella trabajan y la vida de los enfermos y sus familias, que han pasado por el final de la vida. Es un libro novelado en el que la protagonista, Ana, comparte con el lector su experiencia, sus vivencias, sus sentimientos y una serie de consejos prácticos, cuidando de su padre al final de la vida. Los autores pretendimos, cuando lo escribimos, que fuera una guía fácil de leer y comprender para los cuidadores de los enfermos en fase terminal.

- JACINTO BÁTIZ, *Cómo cuidar a las personas en el proceso de morir*, Fundación San Juan de Dios, Madrid 2019.
  Es un librito de pocas páginas en el que se resumen algunas de las estrategias que cualquier persona puede realizar para cuidar a otra persona que se encuentre en el proceso de morir: acompañar, escuchar, cuidar con caricias, responder a sus preguntas, etc.

- JACINTO BÁTIZ, *Ante la muerte, ¿cómo cuidar a las personas?*, Revista Iberoamericana de Bioética, nº 11/01-14, 2019.
  Los cuidados a las personas que se encuentran en el final de sus vidas necesitan de unas características humanas, técnicas y éticas. La persona que se enfrenta a su muerte necesita el acercamiento humano de quienes le cuidan, además de su competencia profesional. En este artículo abordo cómo cuidar a las personas para que salir de esta vida no sea una experiencia traumática para quien se muere ni para sus seres queridos que le acompañan en el proceso de morir. Para que quien se muera perciba que le cuidan personas solícitas, sensibles y entendidas, intentando comprender sus necesidades.

- JACINTO BÁTIZ, *Reflexiones desde los cuidados a enfermos de Alzhéimer*, Fundación San Juan de Dios, Madrid 2020.
  También es un librito de pocas páginas, pero cargadas de experiencias vividas junto a las personas que

padecían esta enfermedad y a sus cuidadores, que me dieron mucha luz para seguir cuidando desde el acercamiento humano.

- Jacinto Bátiz, *Mientras llega la muerte,* Fundación San Juan de Dios, Madrid 2021.
En este libro podrán encontrar una recopilación de los artículos y tribunas de opinión que he publicado durante más de 20 años en medios de comunicación generales. Se puede considerar como un libro de reflexiones escritas sobre temas tan importantes como: la atención a la persona, a su fragilidad, lo que supone la cercanía de la muerte, los cuidados paliativos como alivio del sufrimiento, la importancia de la comunicación, la necesidad de cuidar también a los cuidadores, la labor tan importante de los voluntarios que con su compañía también cuidan, el acompañamiento a la familia que ha sufrido la pérdida de su ser querido, etc.

- Jacinto Bátiz, *Cuestiones sobre la eutanasia. Principios para cuidar la vida de quien sufre,* Nueva Eva, Madrid 2021.
Este libro lo escribí motivado por la aprobación de la Ley de la eutanasia. En él abordo diez cuestiones sobre la eutanasia para poder reorientar cómo cuidar la vida de quien sufre sin tener que eliminar al sufriente. Uno de los mensajes que considero importante y que trato de transmitir en este libro, es que los médicos debemos estar preparados para escuchar algo más que una petición de morir. Los que nos

dedicamos a los cuidados paliativos sabemos que podemos acompañar a nuestros pacientes durante su sufrimiento para aliviarlo. Y que cuando aplicamos las medidas terapéuticas que sean proporcionadas, evitando la obstinación diagnóstica y terapéutica, el abandono, el alargamiento innecesario y el acortamiento deliberado, estamos realizando una buena práctica médica: ayudar a morir bien.

• Jacinto Bátiz, *Bioética y cuidados paliativos*, Universidad Pontificia Comillas-San Pablo, Madrid 2021. Abordar los cuidados paliativos desde la bioética, o la aplicación de la bioética en cuidados paliativos, es el objetivo de este libro, que pretende divulgar qué son los cuidados paliativos y cómo se deben realizar, desde la bioética, a las personas que los necesitan para aliviar su sufrimiento. Además, pretende ayudar a comprender la importancia de la bioética en el trabajo clínico en cuidados paliativos porque nos va a ayudar a cuidar mejor a la persona en el proceso de morir. Desde la bioética reflexiono sobre cómo cuidar al final de la vida y no perder el tiempo discutiendo estérilmente sobre cuándo se ha de morir.

• Jacinto Bátiz, *La sedación paliativa como último recurso ante el sufrimiento refractario*, Revista Labor Hospitalaria, Núm. 331, septiembre, octubre, noviembre, diciembre, 3/2021, págs. 103-111. En este artículo abordo el sufrimiento en la etapa final de la vida, que es de gran trascendencia, y expongo que no tiene por qué estar relacionado con el dolor físico. Ante el sufrimiento que califico como total, porque engloba las dimensiones física, emocional, social y espiritual, debemos ser capaces de aceptarlo como lo que es para poder ayudar a la persona que sufre. Si este sufrimiento se hubiera vuelto refractario a los tratamientos, deberíamos recurrir a la sedación paliativa para disminuir la consciencia de la persona que lo padece y garantizarle una muerte serena. En sus páginas, el lector podrá encontrar en qué consiste esta sedación paliativa, cómo se lleva a cabo y cuándo está indicada. Abordo también la sedación paliativa por sufrimiento psicosocial o espiritual. Considero que la sedación paliativa es un recurso terapéutico y una buena práctica médica clínica, sin eximirla de controversias clínicas y éticas.

• JACINTO BÁTIZ, *Hacia una cultura paliativa*, Fundación Pía Aguirreche, Madrid 2022.
Es un libro que pretende orientar a cualquier persona que desee entender qué son los cuidados paliativos, cómo atender a una persona con enfermedad incurable, avanzada y terminal en las diferentes dimensiones de la persona y qué papel juegan la familia y los profesionales sanitarios en el proceso de la muerte natural. En él encontrarán por qué considero que acompañar también es cuidar, que la compasión es una herramienta para cuidar, que quienes se están muriendo nos enseñan a vivir, entre otros temas en relación con la medicina paliativa.

Otras publicaciones de interés

• Javier Sánchez, OH, *Luces y contenidos teológicos en el movimiento de cuidados paliativos*, Archivo-Museo San Juan de Dios «Casa de los Pisa», Granada 2004, 18-19.

En este libro su autor reflexiona sobre lo que supone estudiar y asumir los cuidados médicos y de enfermería a la luz de la verdad teológica. Supone un desafío, al que nos convoca el Pontificio Consejo con su *Carta de los agentes de la salud* (su introducción doctrinal figura en el apéndice documental de este libro de Javier Sánchez). Es un reto desde la fe para el profesional cristiano, pero también para el teólogo que ha de sondear y hacer madurar esas verdades, a fin de mostrar a todos la altísima trascendencia que la Iglesia reconoce en la actividad médico asistencial. Merece la pena leerlo; a mí me ha dado mucha luz.

• Comisión Interprovincial de la Orden Hospitalaria de San Juan de Dios, *Humanizar el proceso de morir. Sobre la ética de la asistencia en el morir*, Fundación Juan Ciudad, Madrid 2007.

Con esta publicación, la Comisión Interprovincial de la Orden Hospitalaria de San Juan de Dios quiere compartir su experiencia en el proceso de humanizar la enfermedad y el proceso de morir. Experiencia que aportan los distintos centros que la Orden Hospitalaria tiene en España y desde las distintas especialidades que integran el espectro asistencial en sus centros: Medicina Interna, Geriatría, Cuidados Paliativos, Unidades de Cuidados Intensivos, tanto de adultos como de pediatría, Enfermería, Psicología, etc. En esta experiencia se ha dado una especial relevancia a las cuestiones éticas presentes en estas áreas asistenciales, para lo que se ha contado con un equipo de profesionales expertos en bioética.

- C. Saunders, *Velad conmigo. Inspiración para una vida en cuidados paliativos*, Fundación Pía Aguirreche, Madrid 2023.

  Este libro es un texto fundamental para los cuidados paliativos por la densidad y calidad de sus observaciones, que enriquecen y dan sentido profundo a este quehacer: se parte de la consideración respetuosa de la dignidad del enfermo en fase terminal y se entiende el proceso de morir como una oportunidad de cierre de la propia biografía. Además, se toma en consideración a la persona con sus recursos y su capacidad de trascender y como alguien que tiene que hacer su propio camino. También advierte que se espera de los profesionales que se acerquen con respeto, que estén ahí con una actitud valiente e intentando comprender.

- Subcomisión Episcopal para la Familia y la Defensa de la Vida, Conferencia Episcopal Española, *Sembradores de esperanza. Acoger, proteger y acompañar en la etapa final de esta vida*, Madrid 2019.

Con este documento se pretende ayudar con sencillez a buscar el sentido del sufrimiento, acompañar y reconfortar al enfermo en la última etapa de la vida terrenal, llenar de esperanza el momento de la muerte, acoger y sostener a su familia y a sus seres queridos e iluminar la tarea de los profesionales de la salud. Es un documento que propone una mirada esperanzada sobre los momentos que clausuran nuestra etapa vital en la tierra ante el debate que últimamente se ha reavivado acerca de la vida humana, la eutanasia y el suicidio asistido. El formato que se ha elegido para este documento ha sido de preguntas y respuestas, para que ayuden a una mejor comprensión de su contenido. Por otro lado, se ha evitado el lenguaje técnico para la mejor comprensión de quienes carecen de conocimientos especializados, sin renunciar por ello a la profundidad y rigor de pensamiento.

• Congregación para la Doctrina de la Fe, *Carta Samaritanus Bonus*, Roma 2020.
En este importante documento podemos encontrar lo que el Magisterio de la Iglesia nos dice sobre el cuidado de las personas en las fases críticas y terminales de la vida. Aunque la enseñanza de la Iglesia sobre el tema es clara y está contenida en conocidos documentos del Magisterio, en particular la Carta encíclica *Evangelium vitae* de san Juan Pablo II (25 de marzo de 1995), la Declaración *Iura et bona* de la Congregación para la Doctrina de la Fe (5 de mayo

de 1980), la *Nueva Carta de los Agentes Sanitarios* (2016) del entonces Pontificio Consejo para los Agentes Sanitarios, además de los numerosos discursos e intervenciones de los últimos Sumos Pontífices, parecía oportuno y necesario un nuevo pronunciamiento orgánico de la Santa Sede sobre el cuidado de las personas en las fases críticas y terminales de la vida en relación con la situación actual, caracterizada por un contexto legislativo civil internacional cada vez más permisivo a propósito de la eutanasia, del suicidio asistido y de las disposiciones sobre el final de la vida, por la necesidad de un nuevo y más eficaz enfoque.

• MONTSE ESQUERDA, *Hablar de la muerte para vivir y morir mejor. Cómo evitar dolor y sufrimiento añadido al final de la vida*, Alienta Editorial, Barcelona 2022.

En este libro, su autora repasa cómo ha cambiado nuestra relación con la muerte a lo largo del tiempo a través de los datos históricos, los artículos de psicólogos, psiquiatras, bioeticistas y filósofos, así como con fragmentos de novelas, canciones y películas. Desde una perspectiva médica, pero sobre todo humana, pone sobre la mesa otro tema incómodo: la medicina se ha volcado en curar, olvidando que uno de sus objetivos primordiales debería facilitar una muerte en paz y paliar el sufrimiento que la acompaña. Este libro nos recuerda la importancia de tener presente nuestra finitud. La ausencia de conversaciones sobre este tema en la vida cotidiana o cuando aparece una enfermedad grave en un familiar, la desaparición de los niños en los rituales de despedida y la falta de preparación provocan que vivamos con mayor estrés la inevitable experiencia de la muerte.

Índice